Lutz Radtke

ENTKOMMEN!

Lutz Radtke

ENTKOMMEN!

Mein Weg durch Chaos, Krieg und Kälte

Ein Junge aus Ostpreußen erlebt die Vertreibung

ARES VERLAG

Umschlaggestaltung: Werbeagentur / Digitalstudio Rypka GmbH. / Thomas Hofer, Graz
Umschlagfotos: Archiv des Autors
Bildnachweis: Archiv des Autors (23) und Archiv des Verlages (20)

Bibliografische Information Der Deutschen Bibliothek
Die Deutsche Bibliothek verzeichnet diese Publikation in der Deutschen Nationalbibliografie; detaillierte bibliografische Daten sind im Internet unter http://dnb.ddb.de abrufbar.

Hinweis:
Dieses Buch wurde auf chlorfrei gebleichtem Papier gedruckt. Die zum Schutz vor Verschmutzung verwendete Einschweißfolie ist aus Polyethylen chlor- und schwefelfrei hergestellt. Diese umweltfreundliche Folie verhält sich grundwasserneutral, ist voll recyclingfähig und verbrennt in Müllverbrennungsanlagen völlig ungiftig.

ISBN 978-3-902475-39-8

Layout: Klaudia Aschbacher, A-8111 Judendorf-Straßengel
Printed in Austria
Gesamtherstellung: Druckerei Theiss GmbH, A-9431 St. Stefan

Inhaltsverzeichnis

Im Gedenken an meine Eltern

und für meine Enkel

Felix Maximilian,
Florian Alexander,
Marc Christoph und
Marielle Catherine,

die wissen sollen, was war.

„Der Mensch ist erst wirklich tot,
wenn niemand mehr an ihn denkt."
BERTOLT BRECHT

VORWORT

In Büchern, Filmen, Fernsehsendungen und Veröffentlichungen aller Art wird immer wieder auf Deutschlands Untaten vor und während des Zweiten Weltkrieges verwiesen. Eine ganze Ausstellung wurde den „Verbrechen der Wehrmacht"[1] gewidmet; jenen Schandtaten also, die unsere Väter und Großväter einst an Menschen anderer Nationen begangen haben sollen. Wir wissen alles oder nahezu alles über die Verbrechen der Führung im Dritten Reich. Über die Konzentrationslager. Die Millionen verfolgter und ermordeter Juden. „Die ganze Welt weiß alles über die Verbrechen der Deutschen, aber nichts über die Verbrechen an Deutschen", sagte einmal Ronald Reagan, der ehemalige US-Präsident.

Deutschland hat durch den Zweiten Weltkrieg 25 Prozent seines Staatsgebietes verloren und 2,5 Millionen Tote allein durch Flucht und Vertreibung zu beklagen: mißhandelt, totgeschlagen, verhungert, an Folter oder bei Deportationen umgekommen. Rund 2 Millionen deutsche Frauen wurden auf grauenvolle Weise vergewaltigt, 15 Millionen Deutsche ihrer Heimat beraubt. An die 600.000 Zivilisten sind den alliierten Bombenangriffen auf deutsche Städte zum Opfer gefallen, von den militärischen Opfern gar nicht zu reden. In den Jahren 1944 und 1945, als der Osten Deutschlands dem Sturm der Sowjets anheimfiel und der Westen durch die alliierten Bombenangriffe in Trümmer gelegt wurde, geschahen viele Verbrechen, die für mich zu den schlimmsten der Menschheitsgeschichte gehören. Doch wer nennt heute diese Verbrechen Verbrechen?

Ich bin kein Tatzeuge. Ich bin allenfalls ein Leidenszeuge. Ich bin kein Historiker und auch kein Wissenschaftler. Ich sehe mich als ganz normalen

---

1 Die sogenannte „Wehrmachtsausstellung" versuchte in zwei Wanderausstellungen, veranstaltet vom Hamburger Institut für Sozialforschung, die „Verbrechen der Wehrmacht" während des Zweiten Weltkriegs mit fragwürdigen Mitteln und Absichten darzustellen. Aufgrund scharfer inhaltlicher Kritik und offensichtlicher Mängel mußte die erste Ausstellung überarbeitet werden; die zweite setzte zwar andere Akzente, insistierte aber auf der Behauptung von der angeblichen Beteiligung der Wehrmacht am „Vernichtungskrieg" des NS-Regimes.

deutschen Bürger, der rund 60 Jahre nach all diesen schrecklichen Geschehnissen Abläufe und Zusammenhänge zu rekonstruieren versucht und eigene Beobachtungen und Erfahrungen einbringt. Ich möchte die Dinge so zeigen, wie ich sie erlebt habe. Mir geht es um die Wahrheit, wenn es überhaupt so etwas wie die „eine Wahrheit" gibt.

Schließlich geht es um nichts weniger als um einen wichtigen Teil unserer deutschen Geschichte. Geschichte ist keiner Meinung verpflichtet, die gerade aktuell ist. Also muß sie – auch wider den Zeitgeist und ohne Tabus – unbeirrt nach der Wahrheit suchen.

Das im folgenden Geschilderte ist nun „meine Wahrheit". Sie stützt sich auf Erlebnisse, Wahrnehmungen und Tatsachen, die nach bestem Wissen recherchiert und zu meinem „Weg durch Chaos, Krieg und Kälte" verdichtet sind.

Dieses Buch soll nichts beschönigen und nichts verschweigen. Es soll auch an die Toten erinnern: an meine Eltern und den großen Bruch in ihrem Leben, an meine Verwandten, die auf ihren Bauernhöfen in Ostpreußen erschlagen wurden oder sich selbst auf der Flucht den Tod gaben. Und an die 2,5 Millionen deutschen Vertriebenen, die auf elende Weise gestorben sind. Sie alle waren Menschen „wie du und ich". Menschen voll Liebe und Hoffnung und dem Wunsch zu leben. Ihr Schicksal hätte auch unser Schicksal sein können. Ihrer wollen wir in Achtung gedenken, ihrer Ängste in den Stunden vor dem Tode, ihrer Verzweiflung, der Ausweglosigkeit ihrer Flucht und der allerletzten Hoffnung, an die sie sich vergeblich klammerten.

Bad König, im Januar 2007 *Lutz Radtke*

Nächtlicher Abschied

Klirrende Kälte. Der Wind trieb Schneeflocken vor sich her, die sich ein Plätzchen auf Dächern, Zäunen und Straßen suchten. Die kleine Stadt lag friedlich und still unter einer weißen Decke.

„Lutz, schnell, aufstehen!" Die Stimme meiner Mutter klang anders als sonst. Sie hatte mich aus tiefem Schlaf geweckt, und ich fand nur langsam in die Wirklichkeit.

„Was ist los?"

„Schnell, beeil dich. Du mußt dich anziehen!"

„Warum? Was ist?"

„Die Sirene. Hörst du nicht die Sirene? Sie heult schon die ganze Zeit!"

Tatsächlich, jetzt hörte ich sie. Immer wieder der klagende Ton. Ein Ton, der durch Mark und Bein ging. Dazu mischten sich andere Geräusche: Stimmen, knirschende Schritte im Schnee, hastende Menschen … Es war Nacht, bitterkalte Nacht. 20 °C Frost sollen es gewesen sein, starker Schneefall und Wind, der den Schnee aufwirbelte und den Menschen ins Gesicht blies. Es war die Nacht vom 19. auf den 20. Januar 1945, zwischen 1.00 und 2.00 Uhr früh. Auf der Straße vor unserem Haus bewegten sich Menschen, die mit etwas Gepäck, mit Rodelschlitten und Handwagen in Richtung Stadtausgang eilten, in Richtung Westen. Zuerst nur wenige, dann mehr, immer mehr. Was war nur los? Und wo war mein Vater? Bis kurz vor Mitternacht waren wir noch alle zusammen gewesen: mein Vater, meine Mutter und Agathe, unser polnisches Hausmädchen. Wir hatten Kisten gepackt. Kisten mit Kleidung, Wäsche und allem möglichen Hausrat. Mein Vater hatte sie extra anfertigen lassen. Wir hatten sie „vorsorglich" gepackt, und wir wollten sie am nächsten Tag „vorsorglich" nach Westen schicken. „Ins Reich", wie es damals hieß. Nur zur Sicherheit.

Eigentlich glaubte kaum jemand, daß es ernst werden könnte. Daß die Russen wirklich bis Deutsch-Eylau kommen würden, daß wir fliehen müßten; so, wie Tausende östlich unserer Heimatstadt schon geflohen waren. Wir hatten sie gesehen, als sie mit ihren Trecks durch Deutsch-Eylau kamen. In überfüllten Zügen Richtung Westen fuhren. Irgendwohin, wo Verwandte lebten oder sie sich andere Hilfe erhofften. Wir hatten ihnen geholfen. Uns gegenseitig Mut zugesprochen. So schlimm wird es schon nicht werden. Das geht alles vorüber. Bald. Der „Führer" wird dafür sorgen.

Das Oberkommando der Wehrmacht, das seit Anfang des Krieges täglich den „Wehrmachtsbericht" veröffentlichte, hatte am Vortage, dem 19. Januar 1945,

Um die Jahreswende 1944/45 ein alltägliches Bild in den deutschen Ostgebieten: ein Treck sammelt sich zur Flucht vor der Roten Armee.

gemeldet: „An der gesamten Front von den Nordhängen der Karpaten bis zur Memel tobt die Winterschlacht um den deutschen Ostraum mit größter Erbitterung."

Was hieß das für uns? Für uns in Deutsch-Eylau? Die Partei hatte beruhigt: Nein, es besteht kein Grund zur Sorge. Unsere Soldaten, die machen das schon. Es gibt nur lokale Einbrüche an der Front, die werden abgeriegelt. Und bald ist der bolschewistische Spuk wieder vorbei. Zur Räumung besteht kein Anlaß. Die Ostfront hält. Wir haben es geglaubt, weil wir es glauben wollten. Aber ein Zweifel blieb, bestärkt durch Wehrmachtsberichte und Erzählungen von Flüchtlingen. Und deshalb wollten wir zumindest etwas vorsorgen. Deshalb hatten wir gepackt bis Mitternacht. Deshalb auch waren wir so hundemüde und hatten die Sirene nicht gehört, als sie ihren Alarmruf begann.

Erst als es an der Haustür Sturm klingelte, waren meine Eltern aufgewacht. „Was ist passiert?" wollten Nachbarn von meinem Vater wissen, der Stadtbaumeister in Deutsch-Eylau war und dem sie als Amtsperson einen Informationsvorsprung zutrauten. Aber er wußte auch nichts. Das Telefon, schnell eine Verbindung zum Rathaus! Vergeblich. Ein Anruf bei der Polizei: keine Verbindung. Was nun?

Das Rathaus von Deutsch-Eylau vor 1945 – noch eine friedliche Welt …

Hastig hatte sich mein Vater angezogen. Er lief mehr als er ging quer über den verschneiten Geserichsee zum Rathaus. 400 Meter See, 300 Meter durch den Stadtpark, dann das Rathaus.

Inzwischen war ich wach, hellwach. Ich war angezogen und wartete mit meiner Mutter und Agathe bedrückt auf die Rückkehr meines Vaters. Vielleicht ist es eine Übung, hofften wir. Vielleicht ist es gar nicht so schlimm, und alles wird gut. Nichts wurde dann „gut". Wir sahen meinen Vater über den See kommen. Die dunkle Gestalt hob sich von der geschlossenen Schneefläche ab, sonst war alles dunkel. Es gab ja wegen der Verdunklung kein Außenlicht. Die Gestalt kam schnell näher und winkte noch im Laufen: „Schnell, schnell! Die Russen kommen!"

Wir erstarrten. Jetzt also war es soweit. Das, was wir immer wieder verdrängt hatten, was wir im Grunde niemals für möglich gehalten hatten; es trat ein. Die Russen! Grauenhafte Bilder von ermordeten Menschen, zerfetzten und blutenden Leibern in Nemmersdorf und anderen Orten Ostpreußens, wohin die Russen schon im Oktober 1944 durchgebrochen waren, wurden ganz plötzlich lebendig.[2]

---

2 Am 21. Oktober 1944 verübten Verbände der Roten Armee, namentlich das 2. Bataillon der 25. Panzerbrigade, in Nemmersdorf und benachbarten Dörfern (z. B. Brauersdorf) das erste größere Massaker an deutschen Zivilisten in Ostpreußen. Für dieses Massaker der Roten Armee liegen hinlänglich Beweise in Form von Fotos vor. Dieser Umstand ist wohl vor allem auf die Tatsache zurückzuführen, daß es Teilen der deutschen 5. Panzerdivision am 23. Oktober 1944 gelang, Nemmersdorf zurückzuerobern und die Kriegsverbrechen der Sowjets in Nemmersdorf dokumentiert werden konnten. Siehe hierzu im Buch auch: S. 53 ff.

Nemmersdorf! Die Zeitungen waren voll davon gewesen. Und jetzt die Russen – hier? Das Ende aller Kultur, aller Menschlichkeit, allen Lebens jetzt bei uns?

„Die Panzer stehen nur wenige Kilometer vor der Stadt. Sie können jeden Augenblick hier sein. Macht schnell. Nehmt nur das Allernötigste!"

Mein Vater hielt sich nicht mit Erklärungen auf. Er hatte seine Entscheidung getroffen. Meine Mutter, Agathe und ich sollten fliehen, so schnell wir konnten. Er selbst blieb zurück. Mit dem Bürgermeister, anderen Beamten und Verantwortlichen. Warum? Um Widerstand zu leisten? Um zu versuchen, das zu erhalten, was wir unter „Ordnung" verstanden? Ordnung im Angesicht des Chaos, der Gewalt, des Todes? Doch für solche Gedanken blieb keine Zeit. Heute, rund 60 Jahre später, mögen wir uns wundern. Es fehlt uns wohl auch, verwöhnt durch eine lange, friedliche Nachkriegszeit, das Verständnis für eine solche Haltung. War eine solche Entscheidung nicht sinnlos? Woher sollte Widerstand denn kommen, woher Ordnung, wo doch alles zusammenbrach?

Mein Vater war Preuße. Nicht, daß er ausdrücklich stolz darauf gewesen wäre. Er fühlte sich einfach so; wegen seiner Staatsgesinnung und der Tugenden, die man einem Preußen nachsagt. Er war preußischer Beamter auf ganz natürliche, selbstverständliche, unaufdringliche Weise. Er erfüllte seine Pflichten. Er hatte eine Aufgabe: Er war Stadtbaumeister. Die Stadt war Teil seines Lebens. Er hatte Siedlungen angelegt, Straßen und Denkmäler und

Blick vom Elternhaus über den Kleinen Geserichsee auf die alte Ordenskirche und das Rathaus von Deutsch-Eylau

Die unvorstellbaren Leistungen, die ostpreußische Pferde 1944/45 erbrachten, bedeuteten für viele Flüchtlinge die Rettung.

Häuser gebaut. Er hatte im Krieg eine Schweinemästerei gegründet, die mit für die Fleischversorgung der Bevölkerung und der Kriegsgefangenen sorgte, und viele andere Dinge mehr. Er war mit dieser kleinen Stadt und ihren 14.000 Einwohnern verwachsen wie kaum jemand sonst. Und die sollte er jetzt im Stich lassen? Ich vermute, ein solcher Gedanke ist meinem Vater selbst in dieser Situation existentieller Bedrohung gar nicht erst gekommen.

Doch wie konnten wir flüchten, wo mein Vater zurückbleiben wollte, meine Mutter im siebten Monat schwanger war und eigentlich nur Agathe und ich die paar Habseligkeiten tragen konnten, die meine Mutter eilends zu pakken begonnen hatte? Überflüssige Gedanken. Mein Vater entschied: „Nimm schnell, was ihr unbedingt braucht", rief er meiner Mutter zu. „Ich hole mit Lutz einen Wagen! Wartet hier!"

Und schon hasteten wir los, mein Vater und ich: quer über den vereisten und verschneiten Geserichsee, dann durch die Straßen der Innenstadt, hin zum städtischen Pferdestall. Er lag neben der Hauptstraße und gehörte zum Reich meines Vaters. Dort standen die Pferde, die tagsüber für die Müllabfuhr, das Einsammeln von Speiseresten für die Schweinemästerei und allerlei andere Arbeiten eingesetzt wurden. Dort stand auch „Max", ein ruhiger, kräftiger Rappe, den die städtischen Bediensteten auf den Namen meines Vaters getauft hatten. Max tat schon seit Jahren seine Pflicht, war unkompliziert und leicht zu führen. Deshalb fiel die Wahl meines Vaters jetzt auf ihn. Max sollte den Wagen ziehen, auf dem wir flüchten wollten.

Im Stall war es stockfinster. Wo ist der Lichtschalter? Links vom Tor? Rechts? Wir fanden ihn in all der Aufregung nicht. Dafür fanden wir eine

Petroleumlampe. In ihrem trüben Schein sahen wir die Pferde, die unruhig scharrten, wir sahen das Zaumzeug, die Futterecke. Max. Aber wo hängt sein Zaumzeug, welches paßt ihm? Und wie legt man es am schnellsten an? Von draußen, von der Hauptstraße her, drangen Geräusche in den Stall. Stimmen, Motoren, viele und schnelle, knirschende Schritte – Menschen auf der Flucht, Zivilisten, versprengte Soldaten: Nur raus aus der Stadt! Noch waren es Deutsche. Aber jeden Augenblick konnten es die Russen sein …

Das Zaumzeug paßte nicht. Mein Vater war unerfahren beim Anspannen der Pferde und ich sowieso. Was also sollten wir tun? Anderes versuchen, irgend etwas unter dem vielen Leder, irgend etwas mußte Max doch passen! Plötzlich ein Knarren. Das Tor zum Stall ging einen Spalt auf, wieder knarrte es, und ein Gesicht schob sich vorsichtig in den Stall. Ein Mongolengesicht! Mein Gott, dachte ich, jetzt war es so weit. Die Russen waren da! Aber nein, keine Russen. Oder doch? Das Gesicht begann unsicher zu lächeln. Ein freundliches Lächeln, ein hilfsbereites Lächeln. Es war das Lächeln eines städtischen Beschäftigten, eines Mitarbeiters meines Vaters, eines Russen, und zwar eines kriegsgefangenen Russen. Er kam lächelnd näher, erkannte rasch die Situation und plötzlich hatte Max das richtige Zaumzeug und wurde vor den Wagen gespannt. Wir beluden den Wagen noch mit ausreichend Heu – und ab ging es, hinein in den Strom der Menschen und der Fuhrwerke hin zur Gustloff-Straße, zu meiner Mutter und Agathe. Die Straße dorthin war vereist. Max rutschte. Der Wagen auch. Na, das kann ja was werden …, dachten wir. Aber wir kamen durch. Hastig wurde der Wagen mit einigen Gepäckstücken beladen, meiner Mutter heraufgeholfen, die dann einigermaßen warm verpackt wurde. Agathe stieg auf und zuletzt ich. Ich, Lutz Radtke, 13 Jahre alt, sollte auf dem Weg nach Westen der Kutscher sein. Wohin, wie lange, wie überhaupt? Fragen, die niemand stellte. In diesen Minuten schon gar nicht.

Max Radtke, Stadtbaumeister in Deutsch-Eylau

Der Abschied war kurz und unpathetisch. Zum Nachdenken blieb keine Zeit. Nur zum Handeln. Links und rechts von unserem Wagen eilten Menschen vorbei, schleppten Koffer, Rucksäcke oder Kartons. Was immer sie gerade hatten greifen können. Sie waren zu Fuß. Sie zogen Wägelchen oder Rodelschlitten hinter sich her und kümmerten sich allein um sich selbst. Nur weg, schnell weg, gleich könnten die russischen Panzer hier sein ...

Wir fuhren an. Wir winkten. Mein Vater stand im Schneetreiben, winkte zurück. Max Radtke, 51 Jahre alt, mit Leib und Seele Stadtbaumeister von Deutsch-Eylau, beliebt und geachtet von seinen Mitbürgern – wie muß es in ihm ausgesehen haben? Würden wir ihn je wiedersehen? Oder das Haus, in dem ich meine Kindheit verbracht hatte, das Haus mit seinem Licht und seiner Wärme, wo wir doch eben noch Weihnachten gefeiert hatten?

In diesem Haus hatte ich gelebt, gespielt, Schularbeiten gemacht, wurde gepflegt, wenn ich einmal krank war. Das Haus war meine Heimat, mein „Nest". Es lag, nur durch die Wilhelm-Gustloff-Straße und eine Wiese, auf der im Sommer meistens Gänse weideten, vom Wasser getrennt, am Kleinen Geserichsee. Ein Idyll für Kinder. Als ich sechs Jahre alt war, hatte ich zu Weihnachten ein Ruderboot bekommen – ein eigenes Ruderboot! Mein Vater hatte es selbst mit einem seiner Mitarbeiter gebaut, es war aus Fichtenholz, ganz leicht also und entsprechend beweglich, mit zwei Ruderbänken. Jedes Frühjahr wurde der Außenboden frisch geteert und das Boot gebeizt, das roch immer so aufregend und verstärkte die Vorfreude auf sommerliche Angelpartien und Seeschlachten mit den Freunden. Und im Winter dann das Eishockey! Nicht, daß wir die Regeln gekannt hätten, geschweige denn sie einhielten. Nein, das gewiß nicht. Wir spielten aus purer Lust. Wir spielten jeden Tag nach der Schule bis zur Dunkelheit – und bis zum Umfallen. Wir spielten mit selbstgemachten Schlägern und ohne besondere Rücksicht auf körperliche Befindlichkeiten. Wir stürzten oft. Wer sich einen Arm gebrochen hatte – was nicht selten geschah – warf sich beim Fallen eben auf die andere, gesunde Seite. Ich selbst war seit meinem sechsten Lebensjahr auf dem Eis zu Hause und sehr zur Enttäuschung meiner eher ängstlichen Mutter nicht auf die schönsten Figuren, sondern nur auf möglichst hohe Geschwindigkeiten bedacht.

Die Ferien verbrachte ich oft zusammen mit meiner Mutter auf den Bauernhöfen unserer Verwandten in Masuren. Der Duft des weiten, stillen Landes, der Geruch der Pferde; es war immer wieder ein unbestimmbares Gefühl von Glück, von selbstverständlicher Friedlichkeit, das sich bereits in mir ausbreitete, wenn wir an dem kleinen Bahnhof abgeholt wurden. Ich half dann bei der Ernte, brachte Verpflegung auf die entfernten Felder und durfte manchmal, natürlich unter Aufsicht, sogar einen vierspännigen Erntewagen fahren. Das war jedes Mal eine tolle Zeit, mit Dutzenden von Pferden, Kühen und Schweinen, mit den deutschen und polnischen Knechten sowie den französischen Kriegsgefangenen, die sich abends in und vor der großen Küche versammelten, sich dort von schwerer Arbeit erholten und Geschichten erzählten. Ostpreußen, eine heile Welt! Zumindest damals noch, in den ersten Jahren dieses schrecklichen Krieges.

Jetzt aber, in dieser Winternacht im Januar 1945 in Deutsch-Eylau, kam der Moment des Abschieds. Ein verzweifelt kurzer Moment. Dennoch war es gut so. Keine Zeit für Schmerz, Zweifel, Nachdenken. Die Gestalt meines Vaters verschwand schnell im diffusen Licht jener schicksalhaften Nacht, und auch unser Haus entzog sich hinter einer Schneewand schnell unserem Blick. Der mußte sich ohnehin nach vorn richten, jetzt, wo es ganz auf uns allein ankam.

Unsere Flucht hatte begonnen. Es war der 20. Januar 1945, ungefähr 2.00 Uhr morgens. Niemand konnte in diesem Augenblick ahnen, wie und wo sie enden, daß es eine Flucht ohne Heimkehr werden würde. Doch das war kein Thema in dieser Stunde. Ich dachte auch nicht an die Zukunft.

Ich hatte keine Angst; richtiger gesagt: Ich hatte keine Zeit für Angst. Ich dachte nur an Max und die nächsten Meter. Denn schnell zeigte sich, daß Max zwar willig, aber kaum fähig war, seinen und unseren Weg getreulich zu gehen.

Er rutschte. Immer wieder rutschte er aus und drohte zu stürzen. Was aber dann? Ich hätte ihn nicht aufrichten können … Eisig glatt war die Straße unter dem Schnee und die Erkenntnis ein Schock: Max hatte keine Stollen an den Hufen! Vielleicht war der Kälteeinbruch zu plötzlich gekommen. Max jedenfalls war gar nicht einsatzfähig. Jetzt aber war er auf der Straße. Jetzt befanden wir uns mitten im Strom der Flüchtenden. Jetzt gab es kein Zurück mehr. Es gab nur ein Vorwärts. Das Vorwärtskommen war mein Problem. Nicht das meiner Mutter, die diese Schwierigkeiten glücklicherweise gar nicht erkannte. Nicht Agathes Problem, deren Gefühle als Polin ohnehin gemischt gewesen sein dürften. Nein, es war ganz allein Maxens und mein Problem. Meine Erfahrungen als Kutscher waren mehr als begrenzt. Sie reduzierten sich auf jene glücklichen Ferientage in Ostpreußen, auf den Höfen von Onkeln und Tanten zur Erntezeit. Acker- und Getreidewagen und auch Kutschen hatte ich dort fahren dürfen, und manchmal bin ich auch geritten und vom Pferd gefallen. Das mit Max aber war etwas ganz anderes.

Wir hatten die Chaussee nach Rosenberg erreicht. Rosenberg war unsere Kreisstadt und das nächste Ziel. Alle wollten nach Rosenberg. Rechts neben uns, am Rand der Chaussee, ein endloser Zug von Menschen mit Schlitten oder Handwagen; vor uns andere Fuhrwerke, ein ganzer Treck, der sich wie von selbst gebildet hatte; und links neben uns versprengte Soldaten, einzeln oder in kleinen Gruppen, mit wenig Gepäck und nur leicht bewaffnet, keine zusammenhängenden Einheiten. Hinter uns wieder Fuhrwerke, zwi-

20. Januar 1945: Abfahrt von Sommerau in Richtung Westen, damals tief verschneit

schendurch ein Militärfahrzeug, das auch nach Westen wollte. Napoleon und seine Armee müssen so oder ähnlich versucht haben, aus Rußland zu entkommen.

Max, der Brave – er tat, was er konnte. Er zog uns vorwärts, er rutschte, er strauchelte, er fing sich wieder. Wenn es aber auch nur eine leichte Steigung gab – und es gab viele leichte Steigungen –, dann wurde es ganz schlimm. Max konnte die Hufe nicht in das Eis der Straße krallen, er rutschte. Der Wagen drohte stehenzubleiben oder sogar zurückzurollen. Das aber wäre tödlich gewesen. Denn wenn ein Fahrzeug oder Fuhrwerk stand, konnten auch die anderen nicht weiter. Überholen war, im Gesamtstrom der Flüchtenden, praktisch unmöglich. Außerdem war es ein Manöver, das Zeit gekostet hätte. Zeit aber hatten wir nicht.

Konnten nicht jederzeit die russischen Panzer auftauchen? Wer wußte überhaupt, wo sie wirklich waren? Was also blieb? Die Radikallösung: den Wagen umkippen. Gnadenlos umkippen und hinein in den Straßengraben. Aber dann? Zu Fuß weiter? Mit meiner Mutter, die im siebten Monat schwanger war? Klar, das allgemeine Fortkommen durfte nicht behindert werden. Unzählige Fahrzeuge lagen bereits im Graben. Voll mit Gepäck. Von ihren Besitzern verlassen. Aber was sollte aus uns werden? Auf den Bildern von Napoleons Rückzug aus Rußland sah man keine Frauen und Kinder.

Wir wollten nicht umgekippt werden. Wir wollten entkommen. Ich kletterte also vom Wagen, nahm Max am Zaum und führte ihn. Steigung rauf,

Gefälle runter. Natürlich rutschte er immer noch. Aber er versuchte, mir zu folgen. So ging es Kilometer um Kilometer. Wir sprachen kein Wort. Niemand sprach. Alles vollzog sich schweigend und im Dunkeln. Es war gespenstisch.

Auf diese Weise verging Stunde um Stunde. Endlos schien die Zeit. Schließlich erreichten wir eine Kreuzung. Unsere Chaussee ging geradeaus weiter nach Rosenberg. Aber links führte die Straße nach Sommerau, einem Dorf mit Bahnhof. Vielleicht fährt von dort ein Zug, hieß es. Ein Zug, der uns nach Westen bringt? Ich besprach mich mit meiner Mutter. Ich verwies auf Max und sein Stollenproblem, auf die Ungewißheit unseres Weges überhaupt. Und sie stimmte mir zu – fahren wir nach Sommerau. Wir bogen ab.

Der Morgen graute schon, als wir in dem Dörfchen ankamen. Alles war friedlich. Keine Russen, keine Panik. Ein Dorfkrug, der geöffnet hatte und die Flüchtlinge mit Kaffee versorgte – ein Labsal nach dieser Nacht. Und welch glückliches Geschick! Es war tatsächlich ein Zug da! Ein Güterzug. Viele leere Waggons und eine Lokomotive. Wir tranken Kaffee, wir benutzten die Toilette. Ja, so merkwürdig es in dieser Situation klingen mag, wir genossen sogar ein wenig diese erste, unverhoffte Rast.

Und Max? Geduldig stand er mit unserem Wagen irgendwo am Bahnhof. Ihn mit einem ungewissen Schicksal zurücklassen? Was sollte aus ihm werden, wenn wir im Zug waren? Aber auch in schwerer Zeit gibt es glückliche Fügungen. Dr. Ernst war plötzlich da, der Chefarzt unseres Krankenhauses in Deutsch-Eylau. Auch Dr. Ernst war mit seiner Familie bis nach Sommerau gekommen. Jetzt wollte er wieder zurück. Zu seinen Patienten. Zurück nach Deutsch-Eylau. Das Risiko verdrängte er. Er wollte, er mußte ganz einfach zurück. Aber wie? Fahrzeuge? Fehlanzeige. Was also tun? Max! Es gab ja Max! Max war ein Geschenk des Himmels. Max war die Chance. Also übergaben wir ihm Max und den Wagen, verabschiedeten uns mit gemischten Gefühlen und bestiegen einen Waggon.

Inzwischen war es hell geworden. Das Schneetreiben hatte aufgehört. Sogar zaghafte Sonnenstrahlen zeigten sich über einer schönen, winterlich-friedlichen Landschaft. Es mochte 8.00 oder 9.00 Uhr an diesem 20. Januar sein, als sich der Zug langsam in Bewegung setzte. Deutsch-Eylau und die erste Nacht der Flucht lagen hinter uns. Das Schicksal meines Vaters war mit einem bedrückenden Fragezeichen versehen. Wie sollte es überhaupt weitergehen?

Deutsch-Eylau

Deutsch-Eylau. Eine kleine Stadt im südwestlichen Teil Ostpreußens, 14.000 Einwohner, eine Garnison, zwei Gymnasien, drei Volksschulen, eine Haushaltungsschule, eine Handelsschule, eine Schwesternschule, Berufsschulen. Dazu ein Strandbad, 1927 unter der Regie meines Vaters Max Radtke gebaut, das, wie man voll Bürgerstolz behauptete, das schönste und größte in ganz Ostpreußen gewesen sein soll. Jedes Jahr wurde weißer Dünensand vom Frischen Haff mit einem Oberländer Kahn gebracht und aufgeschüttet. Das Bad, stets sauber und mit einem gepflegten Café, konnte sich wirklich sehen lassen.

Es lebte sich gut in Deutsch-Eylau. Wovon man lebte? Da gab es einen kleinen Maschinenbau, eine Dachpappenfabrik, eine Eisengießerei, Holzindustrie, Milchwirtschaft und eine Fabrik für Kartoffelflocken, Stärke und Glukose. Und natürlich Schiffahrt und Handel mit landwirtschaftlichen Erzeugnissen. Der wirtschaftliche Schwung hatte etwa um die Mitte des 19. Jahrhunderts eingesetzt, nachdem mehrere Landstraßen nach Deutsch-Eylau ausgebaut und die Brücke über den Geserichsee vollendet worden war.

Ab 1862 gab es sogar eine Wasserstraße nach Elbing, ab 1873 bzw. 1877 die Eisenbahn nach Osterode und Marienburg. Deutsch-Eylau wurde zu ei-

Modernes Strandbad Dt. Eylau

Das Strandbad von Deutsch-Eylau, das unter der Leitung von Max Radtke, dem Vater des Autors, erbaut wurde.

Der Hauptbahnhof von Deutsch-Eylau

nem Verkehrsmittelpunkt der Region und bestach zudem – trotz aller „Wirtschaft“ – durch ein ruhiges, beschauliches, bürgerliches Stadtbild, das sich harmonisch in die umgebende Landschaft einfügte. Sie strömte Ruhe aus und eine stille, friedliche Kraft. Kilometerweite Waldgürtel mit stillen Seen bedeckten fast das ganze Gebiet um die Stadt herum. Alte knorrige Eichen, gewaltige Kiefernstämme und weite Buchenwälder wechselten sich ab.

Die Villen am Stadtrand lagen im Schatten riesiger Bäume, die eine geheimnisvolle Atmosphäre verbreiteten. Und der Große Geserichsee, 35 Kilometer lang und stellenweise bis zu 7 Kilometer breit, umfaßte mit seinen Armen die kleine ostpreußische Stadt. Eine Idylle.

Einst hatten hier die Pruzzen gelebt, auch Preußen genannt. Dann kam der Deutsche Ritterorden. Während der Kreuzzüge war er zur Pflege kranker Landsleute im Heiligen Land gegründet und im Jahre 1199 „umgewidmet“ worden: Die Ritter übernahmen jetzt die Verpflichtung zum Heidenkampf. Im Osten sollten sie ihr Können unter Beweis stellen. Dort nämlich, auf dem Gebiet des späteren Ostpreußens, gab es ständig Streit. Die eingesessene Bevölkerung, eben die Pruzzen, waren Heiden und wollten es bleiben. Die benachbarten Polen hingegen waren Christen und missionierten. Nutzen tat es wenig. Die Unruhen und Kämpfe hielten an. Bis einer ihrer Herrscher, Herzog Konrad von Masovien, schließlich 1226 den Deutschen Ritterorden zu Hilfe rief – gegen die heidnischen Pruzzen, für das Christentum.

Der Ritterorden kam. Er kam mit seinen kampferprobten Rittern in den weißen Mänteln mit dem schwarzen Kreuz, bereit, den Kampf gegen die un-

Die Kaiserstraße von Deutsch-Eylau im Jahre 1918 (Blick in Richtung Rathaus)

botmäßigen, ihre Freiheit liebenden Pruzzen zu übernehmen. Für Gottes Lohn allein sollte das freilich nicht geschehen. Im Falle seines Sieges, so war es ausgemacht, sollte der Orden das eroberte Land, sprich: das Kulmer Land und Preußen als Lehen des Reiches, behalten dürfen. Kaiser Friedrich II. hat-

Die vom Deutschen Ritterorden erbaute gotische Ordenskirche von Deutsch-Eylau aus der ersten Hälfte des 14. Jahrhunderts, die bis heute das Wahrzeichen der Stadt darstellt.

Restaurant „Waldschlößchen" in Deutsch-Eylau

te es dem Orden ausdrücklich („Goldbulle von Rimini") bestätigt, und Papst Gregor IX. schloß sich ihm später an.

Und der Orden siegte. Er siegte mit Feuer und Schwert. Er kultivierte aber auch das Land und siedelte Menschen aus nahezu ganz Europa an; Menschen, die ihre Kenntnisse, ihre handwerklichen Fähigkeiten und ihre Motivation mitbrachten und den Grundstein legten für das, was nach und nach aus diesem Gebiet werden sollte.

Auch Deutsch-Eylau entstand auf diese Art. Das offizielle Gründungsjahr der Stadt ist das Jahr 1305. Wenig später schon wurde mit dem Bau der Ordenskirche begonnen, die sich über die Jahrhunderte als weithin sichtbares und stolzes Wahrzeichen der Stadt erhalten hat.

Aber Geschichte kann launisch sein. Die kleine Stadt hat das im Lauf der Jahrhunderte erfahren müssen. Mal wütete die Pest, mal rebellierten böhmische Söldner des Ordens und verkauften die Stadt 1457 an Polen. Diese mußten sie nach drei Monaten zwar zurückgeben, kamen aber 1520 wieder und wurden erneut vertrieben. Dafür tauchte ein Söldnerführer namens Paul Fasolt auf. Der Orden, längst in großer Geldnot, hatte offenbar hohe Schulden bei ihm und verpfändete ihm deshalb die Stadt Deutsch-Eylau. Fasolt errichtete dort eine Schreckensherrschaft und plünderte sie radikal aus. Es ging hin und her in jenen Zeiten, und natürlich hinterließ auch der Dreißigjährige Krieg seine Spuren. Die Schweden waren im Oktober 1628 da, die Polen folgten ihnen und wählten Deutsch-Eylau zum Winterquartier.

Erst mit dem Großen Kurfürsten zog dann eine neue Ordnung ein, die aber viel Geld kostete. Mehrfach tobten Brände in der Stadt, bis sie im Juni

1706 dem Feuer ganz zum Opfer fiel – aus purem Leichtsinn der Bürger. Auch das nächste Jahrhundert begann böse: 1807 zogen französische Truppen durch Deutsch-Eylau und verlangten Kontributionen. Dann waren es die Kosaken. Die Stadt war bettelarm, die Einwohner, so heißt es, ernährten sich von Gras und Kräutern. Erst ab 1815, nach den Napoleonischen Kriegen, kehrte Ruhe ein. Bürgerfleiß lohnte sich wieder.

Dann kam der Erste Weltkrieg (1914–1918), dessen Ende auch für Deutsch-Eylau schwere Belastungen mit sich brachte, nämlich den Versailler Vertrag und seine Folgen. Sie zogen sich als „roter Faden" durch die politischen Geschehnisse der 1920er und 1930er Jahre, belasteten die Stimmung im Volk und ebneten den Boden für all jene Ressentiments – berechtigt oder nicht –, die später als eine wesentliche Begründung für den Ausbruch des Zweiten Weltkrieges dienen sollten. Nicht wenige sprechen gar von einem zweiten Dreißigjährigen Krieg; begonnen am 1. August 1914, beendet am 8. Mai 1945. Und sie meinen das große Kapitel deutscher und europäischer Selbstzerstörung, das allein im Zweiten Weltkrieg zirka 50 Millionen Todesopfer forderte.

Auch in Deutsch-Eylau, weit im Osten, wurden damals die Verhandlungen in Versailles, weit im Westen, mit großer Beklommenheit verfolgt. Deutschland hatte, nach vier Jahren zermürbenden Krieges, um einen allgemeinen Friedensschluß und sofortigen Waffenstillstand nachgesucht. Das war 1918, nachdem der amerikanische Präsident Wilson gerade seine „14 Punkte" ver-

Blick auf den Altstadtmarkt von Deutsch-Eylau. Aufnahme in Richtung Norden aus dem Jahre 1915

kündet hatte: Demokratisierung der Regierungssysteme, Ächtung des Krieges, Aufbau eines Völkerbundes, Selbstbestimmungsrecht der Völker, Rüstungskontrollen, Absage an alle Willkür und manches mehr. Das klang verlockend. Und sollte auch die Basis sein, auf der die Friedensverhandlungen geführt werden sollten. Sollten. Das Ergebnis sah anders aus.

Der Versailler Vertrag. Exkurs

Am 18. Januar 1919 begann die Friedenskonferenz in Paris, die zum „Versailler Vertrag“ führte. Nicht weniger als 32 Staaten nahmen an ihr teil, darunter auch manche, die Deutschland noch nicht einmal den Krieg erklärt hatten. Sie saßen jetzt über die Verlierer zu Tisch. Die Verlierer, das waren Deutschland und seine Verbündeten Österreich-Ungarn, Bulgarien und das Osmanische Reich. Diese vier Länder wiederum waren von den Verhandlungen ausgeschlossen.

Im wesentlichen waren es US-Präsident Wilson, Frankreichs Ministerpräsident Clemenceau und Englands Premierminister Lloyd George, die diese Verhandlungen führten. Alle anderen Staaten trugen ihnen ihre Forderungen, Vorschläge, Berechnungen und anderes mehr vor. Während Wilson vor allem seine Völkerbund-Idee durchgesetzt sehen wollte und England stärker an der Erhaltung eines Machtgleichgewichts auf dem Kontinent interessiert war, wollte Georges Clemenceau unter allen Umständen eine deutsche Machtposition in Europa verhindern. Ihn trieb die Erinnerung an den deutsch-französischen Krieg von 1870/71 und dessen für Frankreich schmähliches Ende. Er führte denn auch das große Wort. Seine Verhandlungsführung war weniger von Vernunft als von Haß diktiert. Am 16. Juni 1919 wurde der fertige Vertrag schließlich der deutschen Delegation in Versailles präsentiert, verbunden mit einem siebentägigen Ultimatum zu dessen Annahme. Die Parteien des Deutschen Reichstages waren sich einig: Das Ergebnis ist für Deutschland vernichtend. 13 Prozent des Staatsgebietes und alle Kolonien sollten von Deutschland abgetrennt werden. Dazu 269 Milliarden Goldmark „cash“, riesige Kohle- und Viehlieferungen, Auslieferung der Handelsflotte an die Siegermächte, Verkleinerung der Armee auf 100.000 Mann, keine Panzer, keine Flugzeuge, keine U-Boote, Beschränkungen bei Bewaffnung und Munition. Deutschland, Europas größtes Land und in der Mitte des Kontinents gelegen, war damit praktisch verteidigungsunfähig. Und Artikel 231 schließlich schlug dem Faß den Boden aus: Deutschland und seine Verbündeten tragen die Alleinschuld am Krieg, hieß es da. Die Parlamentarier aller Fraktionen lehnten den Vertrag einhellig ab. Das Volk bäumte sich auf, es fühlte sich gedemütigt. Proteste der – erstmals sozialdemokratisch geführten – deutschen Regierung nutzten nichts. Militärisch geschwächt, mit einer hungernden Bevölkerung, Streiks und Unruhen im Land gab die deutsche Reichsregierung schließlich folgende Erklärung ab:

> Der übermächtigen Gewalt weichend und ohne damit ihre Auffassung über die unerhörte Ungerechtigkeit der Friedensbedingungen aufzugeben, erklärt die Regierung der deutschen Republik, daß sie bereit ist, die von den alliierten und assoziierten Regierungen auferlegten Friedensbedingungen anzunehmen und zu unterzeichnen.

Unterzeichnet wurde dieser „Friedensvertrag" jedenfalls am 28. Juni 1919. Alle hatten jetzt den Vertrag akzeptiert. Nur einer nicht. Der US-Kongreß. Er lehnte den Vertrag ganz einfach ab.[3] Schon zuvor hatte es in der US-Delegation einen kleinen Aufstand gegeben. Nicht weniger als neun Attachés, enttäuscht vom Dilettantismus ihres Präsidenten, seiner mangelnden Vorbereitung und Unkenntnis europäischer Verhältnisse, erklärten nämlich geschlossen ihren Rücktritt, unter ihnen William C. Bullitt, der US-Präsident Thomas Woodrow Wilson am 17. Mai 1919 folgendes schrieb[4]:

> Ich bin einer von den Millionen, die Ihrer Führung (gemeint ist US-Präsident Wilson, d. V.) blindlings vertrauten und die glaubten, Sie würden wirklich auf einem dauerhaften, auf selbstloser, vorurteilsfreier Gerechtigkeit begründeten Frieden bestehen. Aber jetzt hat die Regierung eingewilligt, die leidenden Völker der Welt neuem Zwang, neuer Bedrückung und Aufteilung zu überantworten – einem neuen Jahrhundert des Krieges … Das Unrecht in Schantung, Tirol, Thrazien, Ungarn, Ostpreußen, Danzig und dem Saargebiet und die Aufgabe des Grundsatzes der Freiheit der Meere machen neue internationale Konflikte zur Gewißheit … Ich bedaure es, daß Sie unseren Kampf nicht zu Ende kämpften und daß Sie so wenig Vertrauen zu den Millionen aller Völker hatten, die Ihnen, wie ich, ihr ganzes Vertrauen schenkten.

Bullitt forderte, daß die amerikanische Regierung, wie der Senat es dann auch tat, sich weigern solle, den Vertrag zu unterzeichnen.

Jedenfalls: Mit der Unterzeichnung des Vertrages begann eine Zeitbombe zu ticken.[5] Sie tickte unterschiedlich laut. In Bayern, Hessen und Mecklenburg

---

3 Die Vereinigten Staaten schlossen später, genauer im Jahre 1921, einen eigenen Friedensvertrag mit Deutschland.

4 William Christian Bullitt jun. (1891–1967) war US-Diplomat (unter anderem erster US-Botschafter in Moskau), Journalist und in späteren Jahren ein ausgesprochener Antikommunist. Er arbeitete einige Zeit für US-Präsident Wilson (1856–1924) und unterstützte dessen politische Ideen („Wilsonianismus"), wie das 14-Punkte-Programm vom 8. Januar 1918, das unter anderem das Selbstbestimmungsrecht der Völker und die Schaffung eines Völkerbundes zur Verhinderung neuer Kriege vorsah. Das Zitat findet sich u. a. bei Hans Bernhardt: Deutschland im Kreuzfeuer, Preußisch-Oldendorf 1988, S. 40.

5 Der Stimmung unter den Deutschen gab Ministerpräsident Gustav Bauer (SPD) am 23. Juni 1919 in einer Rede vor der Nationalversammlung wie folgt Ausdruck: „Hier wird ein besiegtes Volk an Leib und Seele vergewaltigt wie kein Volk zuvor … Keinen Protest mehr,

anders als im Rheinland. Und anders als in Schlesien oder Ostpreußen. Diese beiden Provinzen nämlich grenzten an Polen. Und das war gerade, nach über hundert Jahren unfreiwilliger Abwesenheit, in der „Geschichte" wieder aufgetaucht. 1918 als Staat neu entstanden, wollte es unbedingt expandieren – und das um fast jeden Preis. Polen antichambrierte hartnäckig bei den Siegern, besonders beim US-Präsidenten Wilson, begründete seine territorialen Ansprüche mit zweifelhaften Expertisen, drohte gar mit Millionen polnischer Wählerstimmen in den USA – und hatte Erfolg. Polen bekam Teile von Oberschlesien mit seiner bedeutenden Kohle- und Koksindustrie, es bekam das Memelland. Das Gebiet um Danzig fiel an Polen, die Stadt Danzig selbst – mit 395.000 deutschen Bürgern, nur 7.000 Polen und 5.000 Einwohnern anderer Nationalitäten – wurde sogenannte „Freie Stadt" und dem Völkerbund unterstellt, die Provinzen Westpreußen und Posen gingen in polnischen Besitz über; der „Polnische Korridor" entstand und machte die deutsche Provinz Ostpreußen zu einem separaten Gebilde, getrennt vom Deutschen Reich und ihm trotzdem zugehörig. Eine gewagte Konstruktion, die schließlich auch in England große Besorgnis hervorrief. Viel zu spät, auf ihrem Parteitag 1920, begründete J. W. Kneeshaw eine entsprechende Resolution der Labour Party wie folgt:

> Wären wir das besiegte Volk und hätten solche Friedensbedingungen auferlegt bekommen, so würden wir, statt uns ruhig auf sie zu verpflichten, in unseren Schulen und Heimen begonnen haben, unsere Kinder auf einen Vergeltungskrieg vorzubereiten, der das unerträgliche Joch der Eroberer abschüttelt. Diese Bedingungen waren nicht nur ein Anschlag auf Deutschland, auf Österreich und andere besiegte Nationen ..., sie waren auch ein Anschlag auf das ganze Gewebe der Zivilisation.[6]

Auch anderen Vertretern der Siegermächte war der Vertrag, den sie da verhandelt hatten, schließlich nicht geheuer. So erklärte der damalige US-Außenminister Lansing[7], der an den Verhandlungen in Versailles teilgenommen hatte, nachdenklich:

---

keinen Sturm der Empörung! ... Unterschreiben wir! Das ist der Vorschlag, den ich Ihnen im Namen des gesamten Kabinetts machen muß. Bedingungslos unterzeichnen! ... Die Gründe, die uns zu diesem Vorschlag zwingen, sind die dieselben wie gestern. Nur trennt uns eine Frist von knappen vier Stunden von der Aufnahme von Feindseligkeiten. Einen neuen Krieg können wir nicht verantworten Wir sind wehrlos. Wehrlos, aber nicht ehrlos ... Aber daß dieser Versuch der Ehrabschneidung einmal auf ihre Urheber selbst zurückfallen wird, daß es nicht unsere Ehre ist, die bei dieser Welttragödie zugrunde geht, das ist mein Glaube bis zum letzten Atemzug." In: Erlöst und vernichtet zugleich – Ursachen und Folgen des Zweiten Weltkriegs, dargestellt aus Anlaß des 60. Jahrestages des Kriegsendes; mit Beiträgen von Emil Schlee, Gerd Schultze-Rhonhof, Josef Frey; Bonn 2005, S. 15.

6 So unter anderem zitiert im Internet unter der Adresse: www.schutzbund.de/schwarzes_brett.htm

7 Robert Lansing (1864–1928) war unter anderem US-Außenminister (1915–1920). Während des Ersten Weltkrieges opponierte er gegen die Blockadepolitik Großbritanniens und unter-

> Kriege werden früher oder später entstehen ... Prüft den Vertrag, und ihr werdet finden, daß Völker gegen ihren Willen in die Macht jener gegeben sind, die sie hassen, während ihre wirtschaftlichen Quellen ihnen entrissen und anderen übergeben sind. Haß und Erbitterung, wenn nicht Verzweiflung, müssen die Folgen derartiger Bestimmungen sein. Es mag Jahre dauern, bis diese unterdrückten Völker imstande sind, ihr Joch abzuschütteln, aber so gewiß, wie die Nacht auf den Tag folgt, wird die Zeit kommen, da sie den Versuch wagen. Wir haben einen Friedensvertrag, aber er wird keinen dauernden Frieden bringen, weil er auf dem Treibsand des Eigennutzes gegründet ist.

Diese späten Erkenntnisse, was änderten sie? Nichts. Durch die Bestimmungen des Vertrages verlor Deutsch-Eylau einen wesentlichen Teil seines Hinterlandes an Polen, die deutsch-polnische Grenze war nur noch sechs Kilometer entfernt. Das war ein schwerer wirtschaftlicher Rückschlag, aber nicht nur ein wirtschaftlicher. Und Polen wollte noch mehr. Es wollte auch andere Gebiete, die südlichen Teile Ostpreußens, zu denen auch der Kreis Rosenberg mit Deutsch-Eylau gehörte. Das aber schien selbst den Siegermächten des Ersten Weltkrieges zu viel. Sie beschlossen eine Volksabstimmung: Wer will zu Polen, wer zu Deutschland? Unter Aufsicht italienischer Soldaten – genauer: des 49. Bersaglieri-Bataillons – fand dann am 11. Juli 1920 diese Volksabstimmung statt. Es war ein Schicksalstag für Deutschland und für Deutsch-Eylau. Und ein schwarzer Tag für Polen. Denn die Bevölkerung entschied sich klar und eindeutig. Sie entschied sich für Deutschland! Mit 96 Prozent! Deutsch-Eylau war eine deutsche Stadt und wollte es bleiben! Die Italiener zogen wieder ab, die deutsche Garnison kehrte zurück, das Leben nahm wieder seinen gewohnten Gang.

Und jetzt? Im Januar 1945? Wird Deutsch-Eylau eine deutsche Stadt bleiben? Oder eine russische werden? Oder eine polnische?

---

stützte zunächst den Kurs der Neutralität; später trat er dann für den Kriegseintritt der USA ein. 1919 war er Chef der US-Delegation bei der Pariser Friedenskonferenz, teilte aber Wilsons Vorstellungen zum Völkerbund nicht, was schließlich zu Lansings Rücktritt führte. Das Zitat stammt aus seinem 1921 erschienenen Buch „Die Versailler Friedensverhandlungen".

Eingepfercht im Güterwaggon

Wir fuhren. Seit 8.00 oder 9.00 Uhr morgens fuhren wir, und das gleichmäßige Rumpeln des Waggons hatte etwas Beruhigendes. Sehen konnten wir nichts. Nur durch ein paar Ritzen zwischen den Brettern konnte man blicken und, wenn man Glück hatte, auch etwas erkennen. Wir spürten aber, wenn wir wieder einen Bahnhof passierten. Wir spürten es an den Weichen; meist waren es ganz wenige Weichen, also kleinere Bahnhöfe. Weder erfuhren wir, wo wir gerade waren, noch, wohin wir überhaupt fuhren: Hauptsache, wir fuhren!

Im Waggon war es eng. Ich weiß nicht mehr, wie viele Menschen überhaupt Platz gefunden hatten. Ich weiß auch nicht, wer alles mit uns fuhr. Wir kannten uns nicht. Wir sprachen kaum. Wir versuchten nur – ein jeder für sich –, mit unseren Gefühlen und Gedanken einigermaßen zurechtzukommen und Ängste, Zukunftsängste und auch ganz praktische Probleme möglichst fern zu halten. Ändern konnten wir doch nichts. Wir konnten nur stehen. Dicht gedrängt. Denn zum Sitzen war kein Platz. Wir konnten nur frieren, denn eine Heizung gab es nicht. Und es gab auch keine Toilette. Wie es die Menschen – und auch ich – geschafft haben, einen ganzen Tag lang ohne Toilette „durchzustehen" – ich weiß es nicht. Aber es ging. Fast alles geht, wenn es muß. Aber ich möchte diese „Leistung" nicht wiederholen müssen.

Wir aßen nichts und tranken nichts. Woher auch? Der Zug ratterte unermüdlich. Wenn er hielt, so offensichtlich vor einem Signal. Mal kürzer, mal länger. Und immer waren wir erleichtert, wenn es weiterging. Schließlich mußte diese Fahrt ja einmal zu Ende sein.

Für meine Mutter, Magda Radtke, geb. Winnegge, muß es besonders schlimm gewesen sein. Sie war 44 Jahre alt, behütet in bürgerlicher Umgebung aufgewachsen, im siebten Monat schwanger, eine gute Hausfrau und sorgende Mutter. Nie hatte sie einen solchen Streß erfahren. Jetzt mußte sie stehen. Stunde um Stunde. Keine Toilette. Kein Trinken. Kein Ende absehbar. Aber sie klagte nicht. Sie versuchte vielmehr, uns – Agathe und mich – aufzumuntern, ein warmes Zimmer, ein warmes Getränk, ein baldiges Essen vorauszusagen; und auch, daß wir Vater wiedersehen würden – bald.

Stunde um Stunde verging. Der Zug rumpelte stärker, mehr Gleise, mehr Weichen. Und irgendwann überquerten wir einen breiteren Fluß. Das konn-

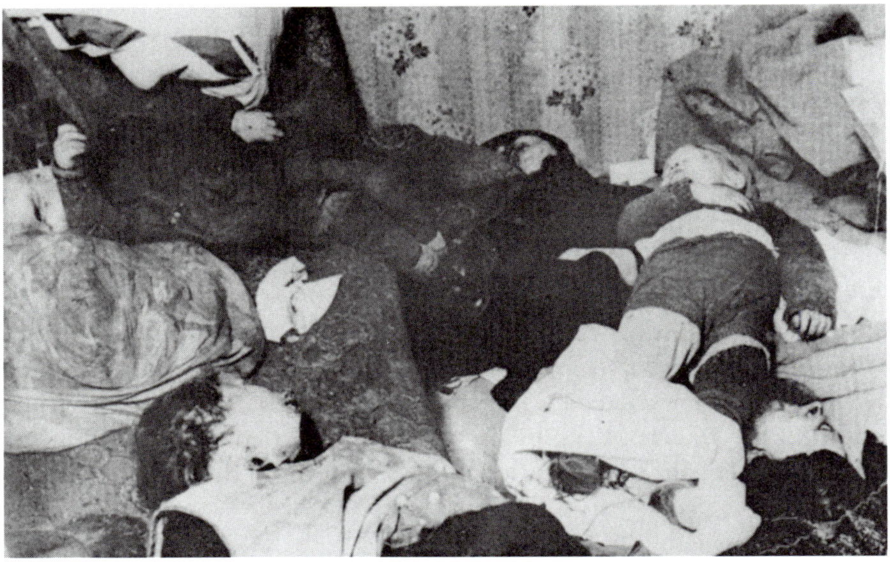

Ermordet, weil sie Deutsche waren: So sah nicht selten das Schicksal derer aus, denen es nicht gelang, rechtzeitig vor der Roten Armee zu fliehen.

te nur die Weichsel sein und der Ort Dirschau. Erleichterung breitete sich aus. Denn die Weichsel verhieß Sicherheit. Bis hierhin würden die Russen ja wohl nicht kommen. Und wenn, dann bot die Weichsel – hier! – immerhin ein Hindernis.

Die Weichsel. Bei ihr hatte Anfang Januar 1945 begonnen, was vier Monate später in der Kapitulation enden sollte. Am 13. Januar gab das Oberkommando der Wehrmacht in seinem Wehrmachtsbericht bekannt:

> An der Weichselfront hat die lange erwartete Winteroffensive der Bolschewisten begonnen. Nach außergewöhnlich starker Artillerievorbereitung trat der Feind zunächst an der Westfront des Brückenkopfes von Baranow mit zahlreichen Schützendivisionen und Panzerverbänden an. Erbitterte Kämpfe sind entbrannt. Nebenangriffe südlich der Weichsel und im Nordteil des Baranow-Brückenkopfes wurden zerschlagen.
> Im ostpreußischen Grenzgebiet lag beiderseits der Rominter Heide schweres feindliches Artilleriefeuer auf unseren Stellungen. Zahlreiche bataillonsstarke Angriffe der Sowjets wurden abgewiesen.
> Auch im Nordteil des Memel-Brückenkopfes blieben mehrere feindliche Angriffe erfolglos.

Das also war der Anfang gewesen. Genauer: Es war der Anfang vom Ende. Vom Ende unseres Lebens in der westpreußischen Heimat, die bis zum Herbst 1939 unsere ostpreußische Heimat gewesen war, aus der dann als Folge des Polenkrieges der „Reichsgau Danzig-Westpreußen" entstand; der

Anfang vom Ende einer schönen, friedlichen Kindheit, vom Ende schließlich des Deutschen Reiches, wie wir es kannten. Nichts mehr sollte wieder so sein, wie es einmal gewesen war. Später erst, nach Jahren und Jahrzehnten, haben wir begriffen, daß es auch der Anfang vom Ende deutscher Identität, des Nationalbewußtseins und damit eines wesentlichen Rückhalts unserer nationalen Existenz werden sollte.

Der Wehrmachtsbericht vom 13. Januar läßt die Katastrophe, die sich hier anbahnte, eher erahnen als erkennen. Am 12. Januar 1945 um 1.30 Uhr jedenfalls rollte nach einem mehrstündigen, verheerenden Trommelfeuer aus Tausenden von sowjetischen Geschützen eine Übermacht aus Panzern, Infanterie und Hunderten von Schlachtflugzeugen auf die deutschen Verteidiger zu, die nur kurze Zeit Widerstand leisten konnten. Der sowjetische Großangriff auf das Herz des Deutschen Reiches hatte begonnen. Er sollte erst an der Elbe, mehr als tausend Kilometer weiter westlich, zum Stehen kommen.

Wir in Deutsch-Eylau – und ich denke, das gilt für unsere ganze Familie, wohl auch für Nachbarn und Freunde –, wir erkannten zunächst nichts. Aber Ahnungen kamen auf, und sie verstärkten sich, begleitet von Beklommenheit und Ungläubigkeit.

Was wir nicht wußten, worüber uns niemand informiert hatte, was eher abgewimmelt und bagatellisiert worden war, das war der grandiose Aufmarsch der Sowjetarmee schon Wochen zuvor. Ein Aufmarsch, wie ihn die Weltgeschichte niemals zuvor erlebt hatte! Hätten wir von ihm gewußt, hätten meine Eltern von ihm gewußt, hätten wir dann besser vorgesorgt? Uns rechtzeitiger auf den Weg nach Westen gemacht? Oder hätten wir glaubensstark auf die Kampfkraft der deutschen Verteidigungsarmeen vertraut?

Spekulationen. Zu viele Mal „hätten". Dagegen die Tatsachen: Im Dezember 1944 und Anfang Januar 1945 hatten die Sowjets die größte Angriffsarmee aller Zeiten versammelt: mehr als drei Millionen Mann, nahezu 10.000 Panzer, 40.000 Geschütze und Granatwerfer und rund 7.000 Flugzeuge.

Die deutsche Heeresleitung hatte den Aufmarsch der Sowjets in seiner Stärke, wenn auch nicht in seinen Hauptstoßrichtungen, erkannt. Bereits Weihnachten 1944, drei Wochen vor dem Großangriff, war Generaloberst Heinz Guderian[8], Chef des Generalstabes des Heeres, bei Adolf Hitler vorstellig geworden, der sich in seinem Hauptquartier in Ziegenberg im Taunus aufhielt. Guderian forderte eine Verstärkung der deutschen Front im Osten wegen der erdrückenden Übermacht der Russen. Denn so sah das Kräfteverhältnis zwischen Sowjets und Deutschen aus:

---

[8] Heinz Wilhelm Guderian (1888–1954) trug wesentlich zur Entwicklung der deutschen Panzerverbände als selbständiger Truppengattung bei. Darüber hinaus war er an der Entwicklung des Konzepts „Gefecht der verbundenen Waffen" und der „Führung von vorne" beteiligt. Nach Streitigkeiten mit Hitler wurde er im März 1945 entlassen.

Bei der Infanterie:	11 : 1
Bei den Panzern:	7 : 1
Bei der Artillerie:	20 : 1
In der Luft:	20 : 1

Hitler lehnte ab. Er schenkte diesen Zahlen keinen Glauben: *„Wer hat diesen Blödsinn ausgegraben?"* Guderian berichtet von dieser und anderen Begegnungen mit Hitler und seinen Bemühungen, mehr Truppen an die Ostfront holen zu dürfen, um dem sowjetischen Vormarsch Einhalt gebieten zu können.[9] Doch Hitler lehnte immer wieder ab. Er hatte seine eigenen Vorstellungen, die immer weniger mit der Realität zu tun hatten. So wollte er die fünfzehnfache Überlegenheit der Roten Armee einfach nicht zur Kenntnis nehmen – mit fatalen Folgen für Millionen Menschen. Die Generäle wußten es. Das Volk spürte es. Wir – in unserem Güterwaggon auf dem Weg nach Westen – ahnten und verdrängten es. Es hätte ohnehin nichts mehr geändert.

Unser Zug dampfte, den außerordentlichen Fähigkeiten der Reichsbahn, vor allem ihrer Improvisationsgabe sei Dank, Station um Station westwärts. Noch war das möglich. Noch waren West- und Ostpreußen nicht abgeschnitten. Der „Sack" war noch offen, allerdings nur noch für wenige Tage, was wir in dieser Stunde natürlich nicht wußten. Dann schlossen ihn die russischen Panzerverbände unerbittlich, für Hunderttausende gab es kein Entkommen mehr, und das Elend nahm erst richtig seinen Lauf. Wir aber hatten Glück. Glück im Unglück.

Es war dunkel, als der Zug schließlich hielt. Ein Bahnhof, tiefer Schnee, nordische Kälte. Preußisch Stargard, eine Kreisstadt südwestlich von Dirschau. Endstation. Alles aussteigen. Dann die Bahnhofshalle, der Wartesaal. Tabakqualm. Die Ausdünstungen Hunderter von Menschen, stickige Luft. Nach langem Suchen fanden wir, unterstützt von einem Bekannten aus Deutsch-Eylau, in einer hinteren Ecke Platz. Zwei Meter weiter saß eine alte Frau, der dauernd etwas aus dem Munde quoll. Kinder wurden trockengelegt, und DRK-Helferinnen eilten geschäftig hin und her. Ich nahm das alles eher unbewußt wahr, denn ich war viel zu müde, um klare Gedanken fassen zu können. Meiner Mutter ging es wohl ähnlich; sie wirkte apathisch. Zwei Damen aus dem Büro meines Vaters, Fräulein Giese und Frau Stemmler, kamen, um sich zu verabschieden. Sie hatten sich schon zuvor sehr um uns bemüht und wollten jetzt weiter. Wohin? Sie wußten es nicht. Nur weg wollten sie. Schnell weg, solange es noch geht. Nach Westen.

Ich weiß heute nicht mehr genau wie, aber unversehens waren wir im „Besitz" einer Familie, die uns drei zu sich nach Hause brachte, die uns Wär-

[9] So in seinem Buch „Erinnerungen eines Soldaten".

me gab und Essen. Und ein Bett. Wir waren zu erschöpft, um viele Fragen zu stellen. Wir waren, auf ganz bescheidene und doch hoffnungsvolle Weise, zuerst einmal beruhigt.

Die Familie hieß Hoffmann; sie wohnte früher in Deutsch-Eylau und zu diesem Zeitpunkt in Preußisch Stargard. Für kurze Zeit wurde ihr Mehrfamilienhaus für uns zur Oase der Gastfreundschaft. Agathe fand eine Etage tiefer, bei einer polnisch sprechenden Familie, ihre Herberge. Es sollte das letzte Mal sein, daß wir uns zur Nacht verabschiedeten. Am nächsten Tag war Agathe weg. Verschwunden. Abschied auf „polnisch", und doch keine so schlechte Lösung. Agathe sah offenbar die Lage so, wie alle Polen sie sahen: Das geschieht den Deutschen recht; jetzt sind sie „kaputt" und werden sich nie mehr erholen! Was sollte Agathe also noch bei uns Deutschen?

Der erste Abschnitt unserer Flucht hatte ein Ende gefunden.

Deutschland, Russland, Barbarossa. Exkurs

Die Russen. Plötzlich waren sie da und verbreiteten Angst und Schrecken. Später erst wurde auch anderen das Drama bewußt, das da im Osten über die Bühne der Zeitgeschichte ging. So notierte George F. Kennan, US-Diplomat in Moskau, bekannter Historiker und Architekt des „Containments“[10]: in seinen Memoiren unter anderem:

> Die Katastrophe, die über dieses Gebiet mit dem Einzug der sowjetischen Truppen hereinbrach, hat in der modernen europäischen Geschichte keine Parallele. Es gab weite Landstriche, in denen, wie aus den Unterlagen ersichtlich, nach dem ersten Durchzug der Sowjets von der einheimischen Bevölkerung kaum noch ein Mensch – Mann, Frau oder Kind – am Leben war, und es ist einfach nicht glaubhaft, daß sie allesamt in den Westen entkommen wären … Ich selbst flog kurz nach Potsdam [Potsdamer Konferenz, 17. Juli bis 2. August 1945] mit einer amerikanischen Maschine in ganz geringer Höhe über die gesamte Provinz, und es bot sich mir ein Anblick eines vollständig in Trümmern liegenden Gebiets: vom einem Ende bis zum anderen kaum ein Zeichen von Leben …[11]

So war es denn auch. So haben wir es erlebt. Aber selbst wir Kinder wußten auch, daß das nicht alles sein konnte, daß es auch ein anderes Rußland geben mußte. Das Land herzlicher Begegnungen, der Gastfreundschaft, der Hilfsbereitschaft und der Freude. Das Land großer Literatur und Musik; das Land, das mit aufrechten und kämpferischen Persönlichkeiten immer wieder die Welt beeindruckte. Den Nobelpreisträgern Boris Pasternak und Aleksander Solschenizyn zum Beispiel, mit Leo Tolstoi, Lew Kopelew und vielen anderen. Nur, wo war es damals geblieben, dieses Rußland? Und wie paßte das alles zusammen?

Rußland hat viele Gesichter. Josef Stalin war eines von ihnen. Ein Diktator, der sich der Weltrevolution verschrieben hatte. Wohl zwanzig Millionen

---

10 George Frost Kennan (1904–2005) gilt als einer der bedeutendsten Diplomaten der Vereinigten Staaten. Sein Name ist vor allem im Zusammenhang mit dem Marshallplan sowie der „Containment-Politik“ (Politik der Eindämmung) in der Zeit des Kalten Krieges bekannt geworden. Die „Containment-Politik“ wurde etwa ab 1947 von den USA gegenüber der Sowjetunion verfolgt. Ziel war, die weitere Ausbreitung des Kommunismus zu verhindern bzw. einzudämmen.

11 Kennan, G. F.: Memoiren eines Diplomaten (1925–1950), München 1982, S. 271.

Menschen hatte er schon auf dem Gewissen, als er am 23. August 1939 einen Pakt mit einem anderen Diktator schloß – mit Adolf Hitler. Dieser deutsch-sowjetische Vertrag war ein gegenseitiger Nichtangriffsvertrag und regelte überdies in einem „Geheimen Zusatzprotokoll" die so genannten Interessensphären der beiden Staaten. Die praktisch wehrlosen baltischen Staaten Estland, Lettland und Litauen wurden in der Folge von Rußland besetzt und in das Sowjetreich eingegliedert. Die Nordbukowina und Bessarabien erlitten das gleiche Schicksal. Finnland verteidigte verzweifelt, aber erfolglos seine Unabhängigkeit im Winterkrieg 1939/40.

Am 1. September 1939 marschierte Deutschland in Polen ein. Das fühlte sich sicher, zumal die Tinte auf seinen Beistandsverträgen mit England und Frankreich schon getrocknet war. Geholfen hat es Polen aber nicht, jedenfalls zunächst nicht. Denn Deutschland überrannte Polen in 18 Tagen, und Rußland besetzte, wie im Zusatzprotokoll vereinbart, noch im selben Monat den östlichen Teil Polens. Es wollte wiederhaben, was Polen ihm 1920 – auch hier hatte der „Versailler Vertrag" Pate gestanden – genommen hatte, nämlich Teile Weißrußlands und der Ukraine. Am 18. September 1939 erklärte die Sowjetunion in einer offiziellen Note, Polen trage die Schuld am Kriege. Und am 30. September schließlich schrieb Stalin selbst in der Parteizeitung „Prawda", daß England und Frankreich Deutschland angegriffen hätten und die Verantwortung für den Krieg trügen.

Eine verwirrende Situation. Hier die Teilung Polens durch Deutschland und Rußland – praktisch die vierte Teilung in der polnischen Geschichte. Zugleich aber auch die langfristige Absicht Stalins, die bürgerliche Ordnung in Europa durch eine kommunistische zu ersetzen. Die größte Hilfe dazu versprach er sich von den europäischen Mächten selbst. So hatte er 1939 nicht nur mit Deutschland den Nichtangriffspakt geschlossen – fast gleichzeitig hatte er auch mit England und Frankreich verhandelt, um sich alle Optionen offen zu halten. Aber der Versuch, Engländer, Franzosen und Deutsche gegeneinander auszuspielen, Zentraleuropa sich also von innen her selbst zerstören zu lassen – dieser Versuch mißlang zunächst. Und mit ihm wurde auch die Erwartung enttäuscht, auf den Trümmern einer bürgerlichen Ordnung – ohne allzu viel Aufwand – eine kommunistische Gesellschaft schaffen zu können. Doch Stalin gab nicht auf. Er setzte in der sicheren Erwartung auf die deutsche Karte, daß die englische Garantie-Erklärung für Polen, gegeben im März 1939, ihre Wirkung schon tun würde. Was sie dann auch tat. Deutschland griff Polen an, und England und Frankreich erklärten Deutschland wegen Polen den Krieg. Rußland besetzte Ostpolen, ohne daß England und Frankreich auch Rußland den Krieg erklärten. Deutschland eroberte Frankreich. Dazu schließlich die Gemengelage mit Italien, Jugoslawien, Griechenland, den Benelux-Ländern, mit Norwegen und Dänemark. Europa brannte.

Dann der 22. Juni 1941, 3.30 Uhr: Das „Unternehmen Barbarossa" lief an, die deutsche Chiffre für den Angriff auf Rußland. Deutschland ignorierte den erst zwei Jahre zuvor geschlossenen Nichtangriffspakt. Es ignorierte auch die Tatsache, daß nun ein Zweifrontenkrieg begonnen hatte, der nach Ansicht auch deutscher Generäle nur zur Niederlage führen konnte. Im Westen die Frontlinien mit England und seinen Verbündeten, deutsche Truppen verstreut zwischen Norwegen, Kreta und Nordafrika – und jetzt noch ein großer, starker Gegner im Osten! Mit der Unendlichkeit seines Landes, seinen extremen klimatischen Bedingungen und der für eine moderne Armee unzureichenden Infrastruktur. Bei allen Erfolgen, die Deutschland bis dahin hatte – jetzt hielt das Land den Atem an. Und wir in Deutsch-Eylau natürlich auch. Trotz des strahlenden Sonnenscheins, der so friedlich über diesem Tag lag ...

Bis jetzt waren die Russen doch unsere Alliierten gewesen. Und nun Krieg? Erst später traten die Hintergründe hervor. Hitler traute Stalin nicht. Und er befürchtete den Griff der Sowjetunion auf die Ölfelder in Rumänien, von denen Deutschlands Versorgung abhing. Stalin traute Hitler auch nicht und hatte ohnehin, Verträge hin oder her, die Unterwerfung Europas unter den Kommunismus fest im Auge. War nun Hitlers Entscheidung ein „heimtükkischer Überfall" auf die „friedliebende Sowjetunion", wie es die sowjetische Propaganda unverdrossen verkündete? Oder war er einfach nur schneller, war er den Russen zuvorgekommen? Wirklich beurteilen konnten wir das nicht. Und auch heute können sich selbst die Historiker kein abschließendes Urteil bilden – oder doch? Jedenfalls mehren sich die Stimmen, die Angriffsabsichten der Roten Armee für sehr wahrscheinlich halten, und das mit guten Argumenten. Für einen steht sogar fest, wie die Dinge zu deuten sind: für Viktor Suworow (eigentlich Wladimir Resun), einem ehemaligen sowjetischen Generalstabs- und späteren Geheimdienstoffizier. Seine Bücher „Der Eisberg" und „Stalins verhinderter Erstschlag" erregten international Aufsehen. Für Suworow gibt es keinen Zweifel: Die Sowjetunion wollte Deutschland angreifen. Es kam nur nicht dazu. Zirka 5,2 Millionen Soldaten mit etwa 14.700 Panzern, 13.300 Flugzeugen und mehr als 100.000 Geschützen hatte Rußland im Juni 1941 schon an seiner Westgrenze versammelt – um in Deutschland einzumarschieren? Tatsache ist: Zunächst marschierten die Deutschen ein – in Rußland. Sie wollten schnell gewinnen, aus Respekt vor den Weiten Rußlands und den Risiken des Winters. Die Erfahrungen Napoleons 130 Jahre zuvor wollten sie nicht wiederholen. Aber sie gewannen nur am Anfang schnell. Eine Million russische Kriegsgefangene in den ersten drei Monaten! Bald gingen russische Straßenverhältnisse und russisches Wetter jedoch eine verhängnisvolle Allianz ein. Die deutschen Angriffsarmeen blieben ganz einfach im Schlamm stecken. Zwar bestimmte deutsche

Beschauliches Landleben in Masuren (von links nach rechts): Grethe und Emma Dischereit, Franz Dischereit, der 1945 auf seinem Hof erschlagen wurde, seine Schwester Auguste Koyro und Hermann Dischereit

Kampfkraft und Strategie noch das Geschehen. Aber das Kriegsglück wendete sich. Anfang 1943 wurde Stalingrad zum Mythos der sowjetischen und zum Fanal für die deutschen Truppen. Stalingrad und der Untergang einer ganzen deutschen Armee mit 250.000 bis 300.000 Mann markierte einen Wendepunkt des Krieges – strategisch und psychologisch. Der Lack war ab vom Image des „genialen Feldherrn" Adolf Hitler. Rußland mobilisierte mit Hilfe von US-Materiallieferungen alle seine Kräfte, entwickelte einen erbarmungslosen Partisanenkrieg hinter den deutschen Frontlinien – und gewann im eigenen Land im Winter 1944 seinen „Großen Vaterländischen Krieg", wie ihn die Russen nennen. „Barbarossa" war tot. Rußland lebte. Und strebte unaufhaltsam, dank schierer Masse, rücksichtslosem Siegeswillen und bolschewistischer Ideologie, neuen Zielen entgegen. Nun sollte es – noch im Herbst 1944 – weiter nach Westen gehen. Zunächst nach Ostpreußen.

Obwohl damals noch sehr jung, kann ich mich recht gut an diese Monate im Jahr 1944 erinnern. Sie hatten trotz blauen Himmels, Sonnenscheins und wohliger Wärme etwas Beklemmendes, Unwirkliches für mich. Ich war mit meinen Eltern in Masuren gewesen, auf dem Bauernhof von Onkel Franz Dischereit; eine herrliche Zeit, wie immer. Aber dann, beim Abschied, war so ein merkwürdiges Gefühl über mich gekommen, das ich nicht wahrnehmen wollte, das mir auch fremd war. Ein Gefühl, das mehr als Abschied bedeutete. Eher Vergangenheit, Endzeit oder Ende überhaupt. Damals war das noch neu für mich, und ich vergaß es bald. Später kam es wieder, und zwar immer dann, wenn etwas Entscheidendes in meinem Leben passieren sollte. Hier, in Masuren, wurde dieses noch unbestimmbare Gefühl zum ersten Mal traurige Realität: meine Verwandten, die Mädchen auf dem Hof, die Knechte, die Kriegsgefangenen, die wie Familienmitglieder lebten – diese ganze kleine Gemeinschaft sollte ich nie mehr wiedersehen.

Denn bald waren sie da, die Russen. Zuerst in Nemmersdorf, das zum Symbol für den ersten spektakulären, mörderischen Auftritt der Roten Armee auf deutschem Boden wurde. Leichen säumten ihren Weg, geschändete Frauen, nackt und gekreuzigt an Scheunentore genagelt. Das Signal hieß: Wir kommen! Und so wird es werden! Es war der Anfang einer breiten Blutspur, die erst tausend Kilometer weiter westlich, in Berlin, ihr Ende finden sollte. Millionen, vor allem in Deutschland und den europäischen Nachbarländern, fragten sich fassungslos: Warum diese unmenschliche Brutalität, dieser Haß, diese Zügellosigkeit?

Eine abschließende Antwort auf diese Frage wird es vielleicht nie geben. Nur viele und ganz unterschiedliche Deutungen. Wohl am geläufigsten, zumindest im heutigen Deutschland, ist diese: Es war Rache, schreckliche und berechtigte Rache. Schließlich hat Deutschland Rußland angegriffen und den Boden bereitet für all die Verbrechen, die danach begangen wurden. Teile der Wehrmacht und sogenannte „Einsatzgruppen", zusammengestellt aus SS, Sicherheitspolizei und SD, haben auf der Suche nach Partisanen ganze Dörfer niedergebrannt. Sie haben Jagd auf Juden und alle „reichs- und deutschfeindlichen Elemente" gemacht und wollten unter allen Umständen die riesigen Gebiete „rückwärts der fechtenden Truppe" von Feinden säubern. Richtig gelungen ist das nie. Da gab es unzählige versprengte Rotarmisten, entwichene Gefangene, untergetauchte KPdSU-Kader und andere illegale Kämpfer, die sich zu Partisanengruppen zusammenfanden. Partisanen, das war die wohl unheimlichste Erscheinungsform des Krieges. Sie trugen weder Uniformen noch Abzeichen. Sie mischten sich unter die Bevölkerung. Sie konnten Bauer sein oder Personal in der Kompanieküche, Dorfschmied oder Quartiergeber; sie waren eine beständige Gefahr und konnten jederzeit zuschlagen. Wer in ihre Hände fiel, dem war Folter – um an Informationen zu kommen – und schließlich ein grausamer Tod gewiß: „Lebend ist kaum ein deutscher Soldat den Händen dieser selbst nicht auf Gnade rechnenden Untergrundkämpfer entkommen."[12] Entsprechend hart waren jeweils die deutschen Vergeltungsmaßnahmen. Daß auch weite Teile der zivilen Bevölkerung durch diesen Krieg im Kriege in Mitleidenschaft gezogen wurden, unschuldig oder schuldig Qualen und Entbehrungen ausgesetzt waren, ist

---

12 Michaelis et. al.: Der Zweite Weltkrieg. Bilder, Daten, Dokumente. Gütersloh 1968, S. 404.

eine fast logische Folge. Zwei Ideologien waren schließlich aufeinander geprallt: deutscher Anti-Bolschewismus gepaart mit Judenhaß gegen russisch-kommunistische Weltrevolution und Staatsterrorismus. Nicht allzu viel Raum blieb da für eine „klassische" und „ehrenvolle" Kriegführung. Und trotzdem war die deutsche Wehrmacht stetig darum bemüht. Sie war ein Spiegelbild der damaligen deutschen Gesellschaft und ebenso komplex wie diese selbst. Da gab es diejenigen, die getreulich ihre Pflicht am Vaterland erfüllten, die ehrlichen Glaubens handelten, die Helden an der Front, die sich sogar verbrecherischen Befehlen wie dem „Kommissarbefehl" widersetzten; das war die überwiegende Mehrheit. Und es gab jene, deren Charakter erst in ganz bestimmten Situationen zu Tage trat, die, so sie sich stark fühlten, ein Gefühl der Überlegenheit ausleben wollten – und dadurch schuldig wurden. Jene also, die durch ihr Verhalten das Bild der ganzen Wehrmacht befleckten und damit die Ehre ihrer Kameraden. Die anfängliche Sympathie jedenfalls, die den deutschen Truppen noch beim Einmarsch in Weißrußland oder in die Ukraine entgegengebracht wurde – sie wich bald der Verstörung, der Ablehnung und häufig dem Widerstand.

Eine Rechtfertigung für das Wüten der Roten Armee in Deutschland? Wohl kaum. Verständlich ist ein nationales Pathos der Russen, geboren aus der Verteidigung der Heimat gegen einen Aggressor. Doch Krieg war schon immer schrecklich, wenn er auch seit 1914 und erst recht seit 1941 in Rußland neue, bis dahin unvorstellbar schlimme Formen angenommen hatte. Nein, es wird wohl noch andere Gründe geben müssen.

Ein Blick in die Geschichte des 20. Jahrhunderts mag weiterhelfen. Er zeigt nämlich, daß das Verhalten der Roten Armee keineswegs als ungewöhnlich – und schon gar nicht allein an die Adresse der Deutschen gerichtet! – einzustufen ist. Wer diese anderen Ursachen untersucht, wird feststellen, daß sie weit länger zurückliegen und nicht auf den Beginn des Krieges mit Rußland im Jahr 1941 fixiert werden können.

Es war der real existierende Kommunismus, der das Massenverbrechen regelrecht zum Regierungssystem erhoben hatte. Damals, im Jahre 1917, als die „Diktatur des Proletariats" in Rußland errichtet wurde, kämpfte ein Staat gegen sein Volk und beging unzählige Verbrechen. Hier soll nicht von den Verbrechen wider den Geist, gegen die universale und nationale Kultur die Rede sein. Hier geht es allein um die Verbrechen gegen Personen, um den Kern des terroristischen Phänomens, nämlich um die Hinrichtungen durch Erschießen, Erhängen, Ertränken oder Prügeln. Um das Ermorden durch Kampfgas, Gift, durch absichtlich hervorgerufene Hungersnöte, Deportationen, wobei der Tod durch Entkräftung auf Fußmärschen oder im Viehwaggon eintreten konnte. Wer es genauer wissen möchte, braucht nur das „Schwarzbuch des Kommunismus" zu lesen, und er wird darin eine Schätzzahl finden, die in etwa die Größenordnung der Verbrechen umreißt: 20 Millionen Tote allein in der Sowjetunion. Kurz: Es geht um staatlich organisiertes Verbrechen, hervorgegangen aus der totalitären Ideologie eines Lenin, Trotzki, Stalin und anderen. Menschenleben galten ihnen wenig, wenn sie politischen Zielen im Wege standen.

Ganze gesellschaftliche Gruppen – Adel, Bürgertum, Intelligenz, Kirche – wurden rücksichtslos „eliminiert". Die Gesamtheit einer auf streng umrissenem Raum lebenden Bevölkerung, die Kosaken, wurde als solche ausgelöscht, Männer erschossen, Frauen, Kinder und Alte deportiert, die Dörfer dem Erdboden gleichgemacht. Ähnlich erging es später den Kulaken[13], Krimtataren, Tschetschenen und Inguschen … Millionen unschuldiger Opfer: terrorisiert und liquidiert.

Nirgendwo waren daran die deutsche Wehrmacht oder die berüchtigten SS-Einsatzgruppen beteiligt. Es gab keinen Grund für „Rache". Auch nicht im Baltikum oder anderswo in Osteuropa, wo Tausende und Abertausende unschuldiger Menschen von der siegreichen Sowjetarmee umgebracht oder deportiert worden waren.

In der Stunde seines größten militärischen Triumphes hat Rußland zugleich seine schwerste moralische Niederlage erlitten. Die Aufarbeitung, wenn es sie denn geben wird, dürfte eine lange und quälende Zeit benötigen. Einfach wird sie nicht.

---

[13] Mit dem Begriff „Kulaken" wurden in Rußland bis zur Oktoberrevolution unter anderem „Wucherer" und „Schwindler" bezeichnet. Unter Lenin und vor allem im Rahmen der Kollektivierungsmaßnahmen unter Stalin fand dann eine Begriffsverschiebung statt; „Kulaken" waren jetzt ländliche „Ausbeuter" (hierfür konnte auf dem Höhepunkt der Zwangskollektivierung in den Jahren 1932/33 bereits der Besitz einer Kuh ausreichen). Wie viele „Kulaken" im Zuge der Stalinschen Zwangskollektivierung ums Leben kamen, darüber gibt es nur Schätzungen; diese bewegen sich zwischen 10 und 15 Millionen Opfern.

Wir müssen weiter – aber wie?

21. Januar 1945 in Preußisch Stargard. Familie Hoffmann half so gut sie konnte. Sie tröstete uns auch. Mein Vater? „Ach, der kommt bestimmt und findet Sie hier.“ Sie kannten meinen Vater und brachten ihm offensichtliche Wertschätzung entgegen. Daß er zu Hause in Deutsch-Eylau geblieben war, daß er „seine“ Stadt nicht so einfach verlassen hatte, das überraschte sie nicht. Im Gegenteil, es schien zu ihm zu passen.

Der Wehrmachtsbericht an diesem Tage vermeldete in der ihm eigenen Sprache:

> Die gesamte Ostfront steht in härtesten Kämpfen mit den anstürmenden bolschewistischen Armeen … Während sich zwischen der Warthe und der Weichsel bolschewistische Angriffsverbände weiter vorschieben konnten, wurde nördlich der Weichsel durch unsere zäh kämpfenden Divisionen eine wesentliche Ausweitung des feindlichen Einbruchsraumes verhindert.
> Starke Verbände deutscher Schlacht- und Jagdflieger, die die sowjetischen Panzer den ganzen Tag über angriffen, schossen im Zusammenwirken mit der im Erdkampf eingesetzten Flakartillerie in den letzten 48 Stunden 111 feindliche Panzer und 700 Fahrzeuge ab. Im östlichen Grenzgebiet Ostpreußens scheiterten erneute Durchbruchsversuche der Bolschewisten südlich Gumbinnen. In den Straßen der Stadt selbst wird erbittert gekämpft … Nach erbitterten Kämpfen konnte der Feind in Tilsit eindringen …

Er drang auch in andere Städte ein und stieß immer weiter vor. Ganz schnell ging das. Das Kalkül des sowjetischen Oberkommandos ging auf. Die erhoffte Allianz mit Väterchen Frost funktionierte perfekt: Starker Frost festigte die Wege. Wiesen und Äcker wurden für Panzer befahrbar. Auf Flüssen und Bächen, Teichen und Seen hatte sich eine dicke Eisschicht gebildet.

Ab dem 9. Januar waren die Temperaturen auf 10 °C, dann auf 15 °C, schließlich auf 20 °C unter den Gefrierpunkt gesunken. Kurz darauf begann die Offensive. Sie riß innerhalb von vier Tagen die deutschen Verteidigungslinien auf einer Breite von 270 Kilometern auf: Sowjetische Panzer stießen in diesen vier Tagen 130 Kilometer weit vor. In ihren Herzen und Hirnen trugen die Rotarmisten Haß. Ilja Ehrenburg[14], der bekannte sowjetische Schriftsteller, hatte dazu die propagandistische Begleitmusik geschrieben:

---

[14] Ilja Grigorjewitsch Ehrenburg (1891–1967); sowjetischer Schriftsteller und Journalist, der 1942 und 1948 mit dem Stalin-Preis ausgezeichnet wurde. Mit Beginn des „Unternehmens Barbarossa“ begann Ehrenburg in Flugblättern und Zeitungsartikeln Hunderte von propa-

> Tötet, Ihr tapferen Rotarmisten, tötet! Es gibt nichts, was an den Deutschen unschuldig ist. Folgt der Anweisung des Genossen Stalin und zerstampft das faschistische Tier in seiner Höhle. Brecht mit Gewalt den Rassenhochmut der germanischen Frauen, nehmt sie als rechtmäßige Beute. Tötet, Ihr tapferen, vorwärts stürmenden Rotarmisten, tötet![15]

Das taten sie denn auch. Sie taten es auf schrecklichste Weise. Panzer zermalmten ganze Trecks mit Mensch und Tier. Bauern wurden noch auf ihren Höfen massakriert. Frauen und noch ganz junge Mädchen reihenweise vergewaltigt, viele mehrmals hintereinander bis zum Tode. Spätere Untersuchungen sprechen von 1,5 bis 2 Millionen deutscher Frauen, die dieses Schicksal erlitten haben.

Die deutschen Soldaten hingegen, die den Russen gegenüberstanden, waren oft seit Monaten im Gefecht, ohne längere Ruhepausen. Vielfach waren es junge Männer ohne ausreichende Kampferfahrung, aber auch ältere, die den Strapazen des Winterkrieges nur für kurze Zeit gewachsen waren. Sie opferten sich, um für die Flüchtlinge Zeit zu gewinnen; trotz geringer Vorräte an Munition und so gut wie keinem Treibstoff mehr für ihre Fahrzeuge.

Und was war in Deutsch-Eylau? Wo war mein Vater?

Wir, meine Mutter, Agathe und ich und mit uns die meisten Bewohner von Deutsch-Eylau, hatten einen Schutzengel gehabt. Der nämlich ließ in der Nacht unserer Flucht die Panzerspitzen wenige Kilometer vor Deutsch-Eylau abdrehen. Statt weiter nach Westen, nach Deutsch-Eylau, stießen sie unerwartet nach Norden vor, in Richtung Osterode und Allenstein. Dieser Schwenk war so plötzlich gekommen, daß noch die Hälfte der Bevölkerung in der Stadt war, als die Russen Allenstein besetzten! Auch in Osterode hatten sich während des russischen Einmarsches noch Tausende von Einheimischen und Flüchtlingen befunden.

In den Geheimen Tagesberichten, mit denen sich die Wehrmacht-, Heeres- und Luftwaffenführung gegenseitig über die Geschehnisse auf den verschiedenen Kriegsschauplätzen unterrichteten, hatte es, – wie immer mit vielen Abkürzungen und schnörkellos – am 21. Januar geheißen:

> Der Verlauf des heutigen, wieder überaus schweren Kampftages läßt eindeutig die Absicht des Feindes erkennen, unter Abdrängen der Masse der 2. Armee gegen die Weichsel auf Elbing vorzustoßen …

---

gandistischen Aufrufen für die Rote Armee zu verfassen. Bekannt und berüchtigt wurde sein Aufruf „Töte!“ (Ubej!) vom 24. Juli 1942, aus dem hier zitiert wird. Nach dem Ende des Zweiten Weltkrieges fiel er mehr und mehr in Ungnade und soll sogar auf der schwarzen Liste des Sowjetgeheimdienstes NKWD gestanden haben.

15 Vgl. hierzu unter anderem im Internet den Eintrag „Ilja Grigorjewitsch Ehrenburg“ bei Wikipedia: de.wikipedia.org/wiki/Ilja_Grigorjewitsch_Ehrenburg.

> Am Südflügel der 2. Armee wurden die Absetzbewegungen nach NW und N fortgesetzt, wobei der Feind in die Bewegung des XXIII. A. K. hineinstieß und mit Pz. in Rippin eindrang. Der 7. Pz.Div. gelang es auf Grund von Betriebsstoffmangel nicht mehr, sich dem Feind bei Neumark und Löbau vorzulegen, da der Feind die Div. bereits überflügelt hatte und mit starken Pz.Kräften den Raum Deutsch-Eylau erreichte ...

Zwei Tage später, am 23. Januar, es war mein Geburtstag, standen die Panzer dann in Deutsch-Eylau selbst. In den Geheimen Tagesberichten heißt es an diesem Tage nüchtern:

> N Strasburg drückte der Feind das XXIII. A.K. weiter nach W auf die allgemeine Linie Strasburg–Bischofswerder zurück. Die eingeschlossene Angriffsgruppe in Deutsch-Eylau konnte sich nach NW durchschlagen und die allgemeine Linie N Bischofswerder–W Freystadt erreichen ...

Die „eingeschlossene Angriffsgruppe“: das war die Gruppe der letzten Getreuen, waren versprengte Reste der Wehrmacht, das war auch mein Vater. Von „Angriff“ konnte allerdings keine Rede sein, auch nicht von organisierter Verteidigung. Es gab kaum Waffen, kaum Munition – und schon gar keine schweren Waffen gegen angreifende Panzer. „Angriffsgruppe“ ...

Als die ersten Panzer, die ersten russischen Infanteristen auftauchten, begannen die Straßenkämpfe. Aber sie hielten nicht an. Auf dem Sportplatz, so hieß es später, sei ein russischer Panzer abgeschossen worden. Auch die Engländer – wir hatten ein Lager mit englischen Kriegsgefangenen in der Stadt, die in der ganzen Aufregung praktisch vergessen worden waren – sollen angeboten haben, die Stadt gegen die Russen zu verteidigen. Bewiesen ist das nicht. Genau so wenig wie die Nachricht, daß sie vielen Menschen bei der Flucht halfen.

Unglaubwürdig ist das nicht. Denn den Engländern war es immer gut gegangen in Deutsch-Eylau. Der Krieg hatte für sie ein Ende gefunden. Eine strenge Bewachung gab es – schon mangels ausreichenden Wachpersonals – nicht. Statt dessen bewegten sich „unsere“ Gefangenen weitgehend frei und wurden nur nachts „weggeschlossen“. Niemand versuchte zu fliehen.

Die Engländer arbeiteten an verschiedenen Stellen in der Stadt. Und wenn sie nicht arbeiteten, dann spielten sie Fußball. Manchmal arbeiteten sie auch bei uns zu Hause in der Gustloff-Straße 30. Sie arbeiteten im Garten und aßen in der Küche. Ich habe mich immer gefreut, wenn ein oder zwei Engländer zu uns kamen. Ich konnte dann mit ihnen Fußball spielen und mein Schulenglisch erproben. Beides waren großartige Übungen, und auch meine Freunde machten mit Begeisterung mit. Engländer? Kriegsgefangene? Feinde? Ja. Schon. Aber „unsere“ Engländer waren anders! Und Bewachung brauchten sie auch nicht, warum sollten sie weglaufen? Wir gewinnen ja doch den Krieg!

Einmal allerdings gab es eine Krise, eine sehr ernste sogar. Das war, als der Rußland-Feldzug begann. An einem schönen Sonntag im Juni 1941. Deutsch-Eylau als wichtiger Knotenpunkt beherbergte Nachschubdepots der Wehrmacht. Und der Nachschub mußte rollen, sprich: Waggons sollten beladen werden. Auch und gerade an diesem Sonntag. Also sollten die Engländer ran. Andere Arbeitskräfte gab es ohnehin kaum. Aber sie wollten nicht. Schließlich war Sonntag, und auch Kriegsgefangene hatten ein Recht auf Freizeit. Das Gesetz war auf ihrer Seite, die Notwendigkeit und Macht auf Seiten der Wehrmacht. Was nun? Die Engländer blieben dabei: "No, it's Sunday, sorry." Nach stundenlangem Palaver griff die Wehrmacht zu ihrem letzten Druckmittel: „Wenn ihr nicht arbeiten wollt, müssen wir euch erschießen – zunächst jeden zehnten Mann." Eine massive Drohung. Indes auch sie half nicht. Die Engländer, einmal zum Widerstand entschlossen, bewegten sich nicht. Ob sie sich wirklich hätten erschießen lassen? Ob die Wehrmacht wirklich geschossen hätte? Sicher ist nur: In dieser bedrohlichen Situation erinnerte sich irgend jemand meines Vaters. Er wurde als Vermittler gerufen.

Mein Vater hatte zwar mit den Depots oder dem Nachschub für die Wehrmacht nichts zu tun. Er konnte auch kein Englisch. Aber er war als fair und konsequent bekannt, und die Engländer mochten ihn wohl. Jedenfalls trat schon mit seinem Erscheinen eine gewisse Entspannung ein. Mein Vater erklärte mit Hilfe des Dolmetschers die Lage, berichtete von dem Zwang, in dem die Wehrmacht sich befand – die Waggons mußten ganz einfach beladen werden – und zeigte Verständnis für ihre Situation. Er bot ihnen als Ausgleich für die sonntägliche Arbeitsleistung einen freien Tag in der nächsten Woche an und vielleicht das ein oder andere mehr, ich weiß es nicht. Die Wirkung war jedenfalls verblüffend. Die Engländer berieten sich und gaben schließlich ihr „Okay". Sie waren offenkundig erleichtert. Die Wehrmacht war es allemal und mein Vater ganz besonders. Es herrschte wieder Frieden in der Stadt – damals, 1941.

Jetzt aber, im Januar 1945, jetzt war alles anders. Mein Vater nutzte diese letzten Stunden, um Abschied zu nehmen von der Stadt, die er so geliebt hatte, die er – einschließlich ihrer Menschen – in- und auswendig kannte. Von unserem Haus mit seiner herrlichen Lage am Kleinen Geserichsee und all den Erinnerungen, die damit verbunden waren. Es wurde ein Abschied für immer. Mein Vater hat diese Stadt nie mehr wiedergesehen.

Er gehörte zu den letzten, die diese vertraute, schöne, alte, deutsche Stadt verließen – auf einem Lkw mit ein paar Soldaten entgingen sie in letzter Minute der endgültigen Einschnürung durch die Rote Armee. „Sie konnten sich nach NW durchschlagen", hieß es in den Geheimen Tagesberichten. Sie hatten Glück gehabt.

Deutsch-Eylau wurde zerstört. Weniger durch die Kämpfe als durch die Rote Armee im nachhinein. Sie wütete und brandschatzte; etwa 90 Prozent der Innenstadt fielen den Flammen zum Opfer. Aus dem deutschen Deutsch-Eylau wurde das polnische Iława, und Iława ist eine andere Stadt. Nicht mehr vertraut, nicht mehr so schön – anders. Heute leben Polen dort, die meisten von ihnen ebenfalls vertrieben aus ihrer alten Heimat im Osten Polens, das zu Rußland kam; auch sie Teil der großen Völkerwanderung inmitten des 20. Jahrhunderts. Jetzt bauen sie am neuen Iława.

Wie durch ein Wunder war die 640 Jahre alte, würdevolle Ordenskirche erhalten geblieben, Mittelpunkt der Stadt damals wie heute. Und auch das Haus unserer Familie am Kleinen Geserichsee steht noch, eines der wenigen, die übriggeblieben waren. Die Familie Nowak wohnt jetzt darin. Sie hat es vom polnischen Staat erworben. Es ist nun ihre Heimat.

24. Januar 1945. Wir waren immer noch in Preußisch Stargard. An ein Weiterkommen war nicht zu denken. Die Stadt glich mehr einem Flüchtlingslager als einem Heerlager. Sie war nicht mit Soldaten gefüllt, nicht mit Nachschub für die Front, nicht mit einer emsigen Atmosphäre der Zuversicht: Nein, sie war mit Menschen gefüllt, deren Zahl von Stunde zu Stunde genau so wuchs wie ihre Angst. Und es waren nicht nur die Flüchtlinge, die dieses Bild prägten. Von Furcht erfüllt war jetzt auch die einheimische Bevölkerung von Preußisch Stargard. Sie ahnte, ja, sie wußte, daß sie hier nicht mehr lange bleiben konnte. Gedanklich stand auch sie vor einem Aufbruch. Aber wie?

Da gab es die schier endlosen Trecks. Langsam und traurig rollten die Planwagen dahin. Müde Pferde mit kraftlos gesenktem Kopf. Die Menschen in dicken Jacken und Mänteln, mit Schals und Kopftüchern vermummt. An einem Wagen angebunden ein mageres Fohlen.

Außen an den Treckwagen Töpfe und Kannen und Eimer … Seit Tagen hockten sie bei klirrendem Frost auf ihren Wagen, manche seit Wochen. Alte, Frauen, Kinder, Kranke, Schwangere. Rast wurde gemacht, um die Pferde zu füttern und zu tränken; dann konnten sich auch die Menschen etwas entspannen, sich etwas zu essen oder zu trinken besorgen.

Die Hilfsbereitschaft der Bevölkerung war unendlich groß, jeder hilft jedem, wo er nur konnte. Denn morgen konnte es auch den treffen, der heute noch ein warmes Zuhause hatte. Die Trecks suchten sich ihren Weg über tiefverschneite Straßen nach Westen. Manche erreichten ihn; viele sollten aber schon vorher an Erschöpfung, Krankheit, durch die Begegnung mit der Roten Armee oder durch Bombenangriffe zugrunde gehen.

Da gab es aber noch die Reichsbahn. Fahrpläne wurden geändert, es wurde improvisiert und an Transportkapazität geschaffen, was nur zu schaffen war. Doch es reichte nicht. Verzweifelte Menschen stürmten die wenigen Züge. Viele, sehr viele, blieben zurück. Nur wer stark war, hatte eine Chance. Wir waren nicht stark. Für meine Mutter in ihrer Schwangerschaft und für mich waren die Chancen minimal. Wir versuchten es gar nicht erst. Wir warteten. Aber worauf warteten wir? Es konnte nur ein Wunder sein. Und dieses Wunder – es geschah wirklich. Es geschah am 24. Januar, dem Tag, als die ersten russischen Panzer Elbing erreichten; einen Tag, nachdem ich 14 Jahre alt geworden war. An diesem Tag fand uns mein Vater wieder, in Preußisch Stargard, bei der Familie Hoffmann! Er hatte sich durchgeschlagen von Deutsch-Eylau mit seiner kleinen „Angriffsgruppe" und war nach Preußisch Stargard gekommen, weil es dort – wie er erfahren hatte – am wahrscheinlichsten war, Deutsch-Eylauer und seine Familie zu finden. Nun hatte er uns gefunden. Meine Mutter war überglücklich; und für mich war mein Vater ein leicht verspätetes Geburtstagsgeschenk – ein schöneres hätte es nicht geben können.

Und das Wunder dauerte an. Mein Vater hatte in Deutsch-Eylau, das ja eine Garnisonsstadt war, immer ein gutes Verhältnis zur Wehrmacht und ihren Offizieren gehabt. Jetzt sollte sich das schicksalhaft auszahlen, jetzt, in einer kritischen Phase unserer Flucht. Das Wunder kam in Gestalt eines Oberleutnants der Wehrmacht, dem mein Vater unverhofft in Preußisch Stargard begegnete.

Er war auch aus Deutsch-Eylau gekommen, befehligte eine Fahrzeugkolonne und wollte nach Westen. Zwar hatte er keinen Treibstoff, zwar waren die wenigen freien Plätze längst mit Flüchtlingen gefüllt: Wo aber guter Wille, Entschlossenheit und Not zusammenkommen, da kann es eben ein kleines Wunder geben. Dieser Oberleutnant also sagte knapp: „Sie fahren mit. Das verspreche ich Ihnen. Machen Sie sich keine Sorgen!"

Aufbruch im Konvoi

Am Mittag des nächsten Tages sollte es losgehen. Strahlender Sonnenschein lag über Preußisch Stargard, die Schneekristalle glitzerten auf dem Sportplatz, auf dem – trotz aller Probleme – die Fahrzeuge in strenger Ordnung bereitstanden. Und Menschen über Menschen, die mitfahren wollten! Menschen jeden Alters, frierend, mit ein paar Habseligkeiten an ihrer Seite. Aber noch durfte niemand einsteigen. Wir sollten in einer Zugmaschine Platz finden, aber die war noch nicht da. Erst in einer halben Stunde wurde sie erwartet. So warteten wir denn. Eine ganze Stunde verging – nichts. Zwei Stunden, drei Stunden ... keine Zugmaschine! Die Kälte wurde immer schlimmer, die Angst, doch nicht wegzukommen, auch. Nach langem vergeblichem Warten suchten wir schließlich, Flüchtlinge und Soldaten bunt gemischt, Zuflucht in den Häusern rund um den Sportplatz. Dort war es wenigstens wohlig warm. Polen wohnten dort, die sich neutral verhielten und wohl nichts sehnlicher wünschten als unsere schnelle Abreise. Das wenigstens hatten wir mit ihnen gemein.

Es war eng, die Stube überheizt. Und die Stimmung sank von Minute zu Minute. Bange Blicke rundum, von Menschen, die der Zufall in einer ziemlich armseligen Umgebung zusammengeführt hatte. Wo nur die Zugmaschine blieb? Eigentlich wurden sogar zwei erwartet, um noch andere Fahrzeuge „mitziehen“ zu können. Informationen gab es keine. Dann plötzlich Geräusche, Motorengebrumm. Ja, das waren sie! Das mußten sie einfach sein! Und sie waren es wirklich. Niemand kann sich die Erleichterung vorstellen, die sich plötzlich ausbreitete.

Aber noch waren wir nicht weg! Noch hatten wir keinen sicheren Platz! Die Dunkelheit war nahe, als der Ansturm auf die Fahrzeuge begann – ein Kampf um Sein oder Nichtsein. Um Rettung oder Untergang. Um Aufbruch oder Zurückbleiben. Um Hoffnung und Zukunft. Niemand nahm übertriebene Rücksicht auf den anderen. Keiner wollte zurückstehen. Die Chance, die ein Platz bot – nie würde sie wiederkommen! Also hieß es kämpfen. Wir hatten Glück. Ein Feldwebel kümmerte sich um uns. Der Platz in der Zugmaschine war uns nicht zu nehmen. Dort saßen wir dann eng beieinander, auf der hinteren Bank, auf der normalerweise 4 bis 5 Personen sitzen können. Wir aber waren mindestens 15 Personen, die sich hineingezwängt hatten. Trotzdem konnten wir aufatmen.

Der Wehrmachtsbericht vom 25. Januar 1945 meldete: „In Ostpreußen versucht der Feind, seinen Einbruch in Richtung Elbing nach den Flanken zu erweitern. Erbitterte Kämpfe sind hier im Gange." Und am 27. Januar hieß es: „In Marienburg und Elbing toben erbitterte Straßenkämpfe."

Der Treibstoff. Und die Munition. Überall Engpässe, die sich – besonders in den letzten Monaten des Krieges – laufend verschärften. So gab es im Januar 1945 im ganzen Deutschen Reich nur noch 50.000 Tonnen „Otto-Betriebsstoff", wie es offiziell hieß, im August waren es noch 185.000 Tonnen gewesen. Und gar Flugbenzin: 12.000 Tonnen im Januar gegen 198.000 im Mai des Vorjahres, das waren nur noch ganze 6 Prozent vom Bestand des Vergleichsjahres! Was das bedeutete, lag auf der Hand. Eine mobile Armee war die deutsche Wehrmacht nur noch theoretisch. Panzertruppen, soweit es sie überhaupt noch gab, konnten kaum noch nach den Gesetzen der Kriegstaktik oder gar Strategie eingesetzt werden; motorisierte Fahrzeuge wie Lkws und Pkws bzw. deren Restbestände fuhren vorzugsweise im Schlepp. Einer als „Zugmaschine" voran, zwei, drei, vier andere, mit Abschleppseilen verbunden, wurden mitgezogen. Und natürlich wirkte sich die Treibstoffknappheit auch auf den Einsatz der Luftwaffe aus.

Bei Dieselkraftstoff sah es nicht besser aus. Primat in der Versorgung hatten hier die U-Boote. Generell konnte auf allen Gebieten der Betriebsstoffe nur von zehn Tagen zu zehn Tagen geplant werden. Was das für die Kriegsführung bedeutete, ist selbst für einen Laien leicht vorstellbar. Jedenfalls kam das Ende des Krieges auch wegen der Versorgungsengpässe immer schneller näher. Für uns Flüchtlinge indes blieben diese Fragen zweitrangig. Strategie hin, Endsieg her – Hauptsache, wir hatten einen Platz. Wir hatten eine Chance. Und es gab nichts anderes, als sie zu nutzen.

Die Abfahrt verzögerte sich. Ein ganzer Fahrzeugkonvoi wollte sich auf den Weg machen. Da wurde rangiert, manövriert, optimiert. Immerhin hatte während des Tages Treibstoff organisiert werden können, für eine erste Strecke würde er reichen. Aber nicht für alle Fahrzeuge. Deshalb eben mußten von einem „Führungsfahrzeug" jeweils zwei oder drei andere Fahrzeuge in Schlepp genommen werden. Kaum eines hatte Winterreifen, doch alle waren voll beladen, so daß genug Druck auf der Schneedecke lag.

Es war dunkel, als sich der Konvoi langsam in Bewegung setzte. Meter für Meter ging es vorwärts. Die abgedunkelten Scheinwerfer erhellten nur wenige Meter weit schwach die Nacht, während wir uns an die neue Umgebung zu gewöhnen suchten. Ich saß ganz links, direkt an der Tür, durch deren Ritzen eisige Luft eindrang; nicht viel, aber der Gesundheit diente es sicherlich nicht. Doch wer fragt in einer solchen Situation schon danach? Jedenfalls war es warm für meine Mutter neben mir und meinen Vater auch. Unsere Zugmaschine übrigens hatte die Rolle des Arbeitspferdes im Konvoi übernommen. Am Lenkrad ein gestandener Obergefreiter. Neben sich einen Kameraden, mit dem er sich später ablöste. Beide kannten ihr „Handwerk".

Beide waren scheinbar durch nichts zu erschüttern. Schneewehen, Glätte, verstopfte Strecken, stecken gebliebene Fahrzeuge, Treibstoffmangel – ihnen und den anderen wenigen Soldaten im Konvoi sollten wir später die erfolgreiche Durchquerung Hinterpommerns zu verdanken haben. Im Augenblick freilich dachte kaum jemand weiter als an die nächsten Kilometer. Es ging nur um das Jetzt. Wer machte sich schon Gedanken, wie das Ziel aussah und wie es zu erreichen war? Hauptsache, es ging endlich los …

Im Fahrerhaus der „Kaelble", sprich: der Zugmaschine, wurde es langsam warm. Der Konvoi kroch durch die Winternacht. Er kroch nicht nur wegen des meterhohen Schnees, sondern vor allem wegen der drei anderen Fahrzeuge, die wir noch im Schlepp hatten. Ihnen folgten wiederum andere „Geleitzüge" in ähnlicher Zusammensetzung. Wie viele es genau waren, weiß ich nicht mehr. Ich weiß nur: Es war eine ziemlich lange, ziemlich dunkle, gespenstische Kolonne. Gesprochen wurde nicht. Nur die beiden Fahrer tauschten hier und da kurze Bemerkungen, die sich auf den Zustand der Strecke bezogen. Auch sie wußten nicht, was vor ihnen lag, was sie, was uns, hinter der nächsten Kurve erwartete. Meine Mutter, mein Vater, ich – wir dämmerten so im Halbschlaf vor uns hin.

Unser Ziel in dieser Nacht war Groß Tuchen. Das waren vielleicht 100 Kilometer Langsamkeit auf Nebenstraßen. Zum Teil schneeverweht. Mühsames, wiederholtes Anfahren, Rückwärtsfahren, wenn einer unserer Anhänger stecken geblieben war. Wieder ein paar Meter vorwärts – eine Nervenlast für uns, Schwerstarbeit für die Fahrer. Wenigstens waren nur wenige andere Fahrzeuge unterwegs – keine Trecks, kein Militär. Und auch keine russischen Panzer. Groß Tuchen lag scheinbar endlos weit vor uns. Dazwischen starker Wind, der immer wieder den Schnee hochwirbelte und damit neue Hindernisse schuf. Dazwischen die Orte Berent und Bütow, die in einsamer Dunkelheit und schwieriger Orientierung durchfahren werden mußten.

Ich weiß nicht, wann ich schließlich eingeschlafen bin. Doch plötzlich spürte ich ein leichtes Stoßen, dann ein Schalten des Fahrers, noch ein kühner Bogen – und das Fahrzeug stand. Schwach waren einige Häuser zu erkennen. Wir hatten Groß Tuchen erreicht, die erste Etappe auf der Flucht durch Hinterpommern war geschafft. Noch war es ziemlich dunkel draußen.

Wir standen vor der Dorfschule. Drinnen schlugen uns Schwaden dicker, verbrauchter Luft entgegen. Immerhin war es wohlig warm, was manch anderen Eindruck in den Hintergrund drängte. Halbbekleidete Menschen. Zerzauste Haare. Bleiche Gesichter. In einer Ecke ein Herd, auf dem gerade Kaffee gekocht wurde. Und darüber Kleidungsstücke, die augenscheinlich getrocknet werden sollten. Nein, schön war das alles nicht. Aber war das wichtig? Die Nacht ging jedenfalls schnell zu Ende. Ich habe sie auf einem

Stuhl sitzend verbracht und kaum geschlafen. Ziemlich elend fühlte ich mich.

Irgendwann kam dann endlich der Befehl zur Weiterfahrt. Daran mußten wir uns gewöhnen: Aufpassen, ihn nicht zu versäumen! Denn mehrfach alarmiert wurde nicht. Das war auch kaum möglich, übernachteten doch die „Fahrgäste“ des Konvois in der Regel ziemlich verstreut. Die Wehrmacht bestimmte meist kurzfristig – wohl auch in Abhängigkeit von den Straßenverhältnissen und der Feindlage –, wann gefahren werden sollte und achtete sehr auf Termine. Wer also das Aufbruchssignal überhörte – ja, der war schlecht dran. Er hätte zurückbleiben müssen. Und dann?

Ich erinnere mich, daß sich unser Verband ziemlich bald auflöste, weil es praktischer war, sich als Schleppzug einzeln statt in größerer Kolonne nach Westen durchzukämpfen. Das Ziel war inzwischen bekannt geworden. Es hieß Swinemünde und galt für alle Fahrzeuge unserer Einheit. In Swinemünde erhofften wir Sicherheit.

Mit der Roten Armee kommt das Grauen

Es war die letzte Woche im Januar 1945. Am 26. Januar standen die Russen bei Posen; am 27. Januar schlossen sie Bromberg ein und besetzten die ersten Straßen von Marienburg.

Sie kamen schnell voran. Die sowjetischen Panzer stießen nur auf schwachen Widerstand. Sie schafften etwa 30 Kilometer pro Tag. Wir dagegen, mit unserem Konvoi, der sich vorzugsweise auf tief verschneiten Nebenstrecken nach Westen durchschlug, der auf den großen pommerschen Gütern, die wir passierten, immer wieder Treibstoff zu akquirieren suchte, was wiederum Zeit kostete – wir brachten es auf durchschnittlich 10 Kilometer am Tag. Es gab also eine Art Wettrennen zwischen Panzern und Konvoi. Gott sei Dank wußten wir das in diesen Tagen nicht. Wir wußten nicht, daß wir dieses Rennen gar nicht gewinnen konnten, bestenfalls mit sehr viel Glück. Wir wußten nicht einmal, wo genau sich die Panzer befanden. Sie konnten jeden Moment vor uns stehen.

Eine beständige Angst saß uns im Nacken. Denn die Rote Armee hatte schon einmal ihre „Visitenkarte" in Deutschland abgegeben, und zwar erst wenige Monate vorher, am 19. Oktober 1944, als sie die Kreise Goldap und Gumbinnen eroberte. Sie konnte zwar noch einmal vertrieben werden. Aber was sich dabei dem Auge der deutschen Soldaten bot – speziell in einem Ort namens Nemmersdorf – war so ungeheuerlich, daß es auch international kaum geglaubt wurde.

Immer wieder war darüber berichtet worden. Wir hatten in der Familie diskutiert und uns ausgemalt, was passieren würde, wenn … Ich zitiere aus dem Bericht eines Augenzeugen, dokumentiert beim Bundesarchiv in Koblenz:

> Meine Volkssturmkompanie erhielt dann den Befehl, in Nemmersdorf aufzuräumen … An dem ersten Gehöft, links von dieser Straße, stand ein Leiterwagen. An diesem waren vier nackte Frauen in gekreuzigter Stellung durch die Hände genagelt. Hinter dem „Weißen Krug" in Richtung Gumbinnen ist ein freier Platz mit dem Denkmal des unbekannten Soldaten.
>
> Hinter diesem freien Platz steht wiederum ein großes Gasthaus „Roter Krug". An diesem Gasthaus stand längs der Straße eine Scheune. An den beiden Scheunentüren war je eine Frau, nackt in gekreuzigter Stellung, durch die Hände angenagelt.

> Weiter fanden wir dann in den Wohnungen insgesamt 72 Frauen einschl. Kinder und einen alten Mann von 74 Jahren, die sämtlich tot waren, fast ausschließlich bestialisch ermordet bis auf nur wenige, die Genickschüsse aufwiesen.
> Unter den Toten befanden sich auch Kinder im Windelalter, denen mit einem harten Gegenstand der Schädel eingeschlagen war. In einer Stube fanden wir auf einem Sofa in sitzender Stellung eine alte Frau von 84 Jahren vor, die vollkommen erblindet gewesen und bereits tot war. Dieser Toten fehlte der halbe Kopf, der anscheinend mit einer Axt oder Spaten von oben nach dem Halse weggespalten war.
> Diese Leichen mußten wir auf den Dorffriedhof tragen, wo sie dann liegen blieben, weil eine ausländische Ärztekommission sich zur Besichtigung der Leichen angemeldet hatte. So lagen diese Leichen dann drei Tage, ohne daß diese Kommission erschien.
> Inzwischen kam eine Krankenschwester aus Insterburg, die in Nemmersdorf beheimatet war und hier ihre Eltern suchte. Unter den Ermordeten fand sie ihre Mutter von 72 Jahren und auch ihren alten schwachen Vater von 74 Jahren, der als einziger Mann zu diesen Toten gehörte. Diese Schwester stellte dann fest, daß alle Toten Nemmersdorfer waren.
> Am 4. Tag wurden dann die Leichen in zwei Gräbern beigesetzt. Erst am nächsten Tage erschien die Ärztekommission, und die Gräber mußten noch einmal geöffnet werden ... Einstimmig wurde dann festgestellt, daß sämtliche Frauen wie Mädchen von 8–12 Jahren vergewaltigt waren, auch die alte blinde Frau von 84 Jahren ...[16]

„Nemmersdorf" ist ein Symbol der Grausamkeit in der Geschichte des Zweiten Weltkrieges, wenngleich es heute, nach 60 Jahren, kaum noch bekannt ist, geschweige denn öffentlich darüber berichtet oder diskutiert wird. Aber Nemmersdorf läßt sich nicht verleugnen. Nemmersdorf ist vielfach, auch international, dokumentiert. Und Nemmersdorf, so grausam es war, war kein Einzelfall. Für den Einmarsch der Roten Armee hat Heinz Nawratil unter Berufung auf Quellen des Bundesarchivs in Koblenz folgenden charakteristischen Geschehensablauf rekonstruiert:

> Sowjetische Panzer, die in den Gemeinden erschienen, haben diese, wie allgemein berichtet wird, schnell wieder verlassen. Ihnen folgende Formationen besetzten unmittelbar darauf Städte und größere Landgemeinden, wo Kommandanturen gebildet wurden; von dort aus wurden in den nächsten Tagen Kommandos in die kleineren Landgemeinden entsandt. Soldaten und auch Offiziere drangen in die Häuser ein. Soweit sie deren Bewohner noch vorfanden, verlangten sie zunächst Uhren und andere Wertgegenstände, stürzten sich hemmungslos auf Frauen, um sie zu vergewaltigen, wobei weder Kinder noch Greisinnen verschont wurden. Sie schossen sie nieder, sofern sie sich wehrten, ebenso Ehemänner und Väter, die sie zu schützen versuchten.

---

[16] Zitiert bei Heinz Nawratil in seinem Buch „Vertreibungsverbrechen an Deutschen", München 1982, S. 29.

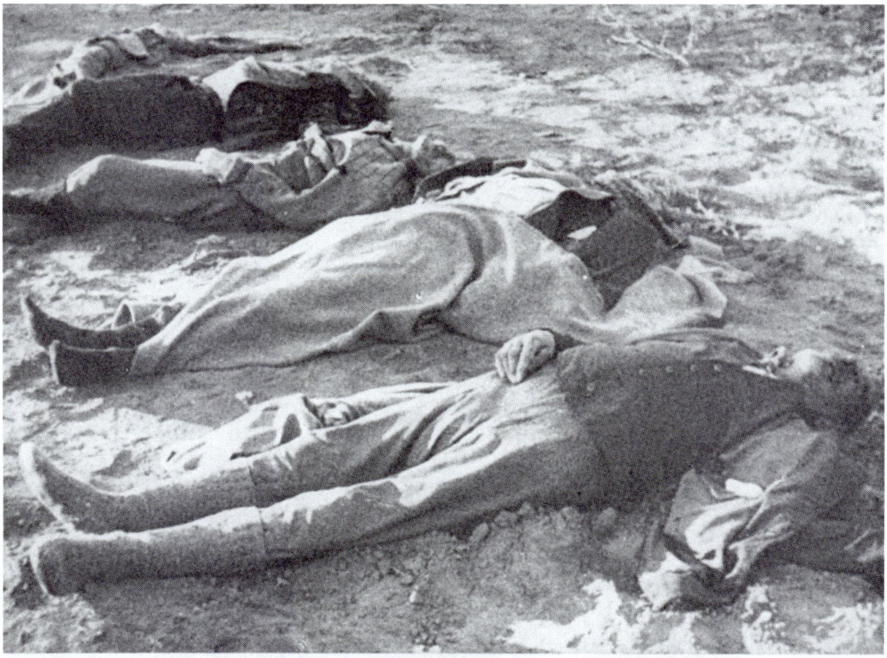

Das ostpreußische Nemmersdorf wurde zum Symbol für die Spur von Vernichtung und Gewalt, die den Einmarsch der Roten Armee in den Ostgebieten des Deutschen Reichs kennzeichnete.

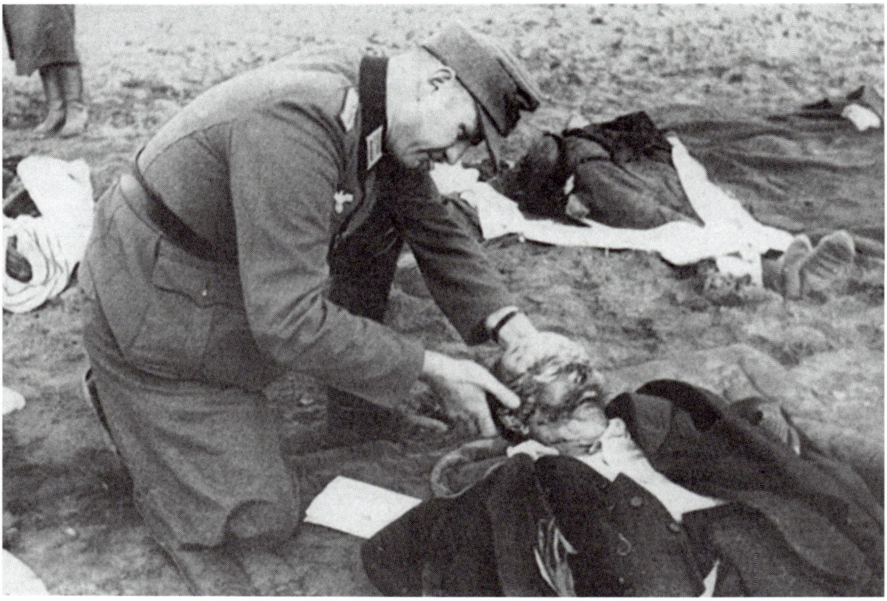

Ermordete deutsche Zivilisten – ein Bild, das sich in denjenigen ostpreußischen Ortschaften, die kurzfristig wiedererobert werden konnten, häufig bot.

In dieser Weise vollzogen sich nach den Aussagen im Berichtsmaterial in den ersten Tagen nach der sowjetischen Besetzung die Mehrzahl der Erschießungen oder Tötungen; auf andere Weise durch Dolchstiche und Erschlagen, denen eine große Zahl, möglicherweise sogar die Mehrzahl der Menschen, die durch die sowjetischen Truppen einen gewaltsamen Tod gefunden haben, zum Opfer fiel.[17]

Aufgehetzt von Propagandatexten – so von Ilja Ehrenburgs Aufruf „Tötet, Ihr tapferen Rotarmisten, tötet!" (...) Folgt der Anweisung des Genossen Stalin und zerstampft das faschistische Tier in seiner Höhle. Brecht mit Gewalt den Rassenhochmut der germanischen Frauen, nehmt sie als rechtmäßige Beute. Tötet, Ihr tapferen, vorwärtsstürmenden Rotarmisten, tötet!" – kannte die Rote Armee bei ihren Mißhandlungen keine Parteien. Sie kannte nur Deutsche, meistens jedenfalls. Ob Nazi oder Antifaschist, es machte keinen Unterschied. „Man konnte", wie es bei Nawratil heißt, „Enttäuschung und Verzweiflung derer erleben, die als Sozialisten und Kommunisten Feinde der Partei gewesen waren und den Tag der Besetzung oder, wie sie dachten, der Befreiung durch die Russen herbeigesehnt hatten."

Nachrichten dieser Art, sie gingen damals von Mund zu Mund, wirkten als Katalysator, als Beschleuniger für die Flucht von Millionen Menschen vor der

17 Ebd.

Roten Armee – auch unserer Flucht. Jetzt, beim Kampf gegen Schnee und Kälte auf den Straßen Pommerns, hatten wir sie ständig im Kopf. Sie trieben uns, allen Entbehrungen zum Trotz, durchzuhalten, komme, was da wolle.

Der Arzt Hans von Lehndorff, der sein Hospital in Ostpreußen nicht verlassen wollte, notierte damals in seinem „Ostpreußischen Tagebuch“:

> Bald hatte keine von den Frauen mehr Kraft zum Widerstand. Innerhalb weniger Stunden ging eine Veränderung mit ihnen vor sich, ihre Seele starb, man hörte hysterisches Gelächter, das die Russen nur noch wilder machte. Kann man überhaupt von diesen Dingen schreiben, den furchtbarsten, die es unter Menschen gibt? Ist nicht jedes Wort eine Anklage gegen mich selbst? Gab es nicht oft genug Gelegenheit, sich dazwischen zu werfen und einen anständigen Tod zu finden? Ja, es ist Schuld, daß man noch lebt, und deshalb darf man dies alles auch nicht verschweigen.[18]

Lew Kopelew, der später den Friedenspreis des Deutschen Buchhandels erhalten sollte, war als russischer Offizier bei der Besetzung Allensteins dabei. Es wirkt gespenstisch, wenn er eine Szene auf dem Bahnhof von Allenstein in seinem Buch „Aufbewahren für alle Zeit“ beschreibt:

> Die Stadt war fast kampflos in unsere Hand gefallen. Für alle so überraschend, dass, als die Kosaken des Generals Oslikowskij schon den Bahnhof besetzt hatten, noch etwa anderthalb bis zwei Stunden die fahrplanmäßigen Züge aus Königsberg, Johannisburg und Lyck einliefen: Militärzüge, Güterzüge, Personenzüge voller Flüchtlinge. Ein sowjetischer Offizier saß im Dienstraum, die MP auf dem Tisch, rauchte und kämpfte völlig übermüdet gegen den Schlaf. Der deutsche Fahrdienstleiter, halbtot vor Schreck und Scham, gab mechanisch seine gewohnten, dem Fahrplan entsprechenden Anweisungen. (…)
> Hin und wieder ein Toter. Vor einem Personenwagen sah ich die Leiche einer kleinen Frau. Das Gesicht vom hochgerutschten Mantel bedeckt, die Beine, in den Knien abgewinkelt, auseinander gerissen. Eine dünne Schneeschicht und ein schamhaft darüber geworfener Stoffetzen verhüllten kaum den verkrümmten, geschändeten Körper. Offenbar hatten mehrere sie vergewaltigt und dann getötet, vielleicht war sie aber auch so gestorben, im schrecklichen Kampf erstarrt …
> Vom Nachbarwagen herüber plötzlich eine leise Altfrauenstimme: „Soldat, Soldat!“
> Ich gehe hin, klettere auf den Wagen. Zwischen Kisten verschiedener Größe ein Nest aus Matratzen und Kissen. Darin eine in Schals und Tücher gewickelte Person, eine dunkle, schneegepuderte Kapuze, halb verborgen darin ein dreieckiges, verhutzeltes Gesichtchen. Große, helle Augen, sie blicken ganz ruhig, verständig, sogar freundlich.
> „Wie sind denn Sie hierher geraten, Großmutter?“
> Sie wundert sich nicht einmal, daß ich deutsch spreche. „Bitte Soldat, erschieß mich. Bitte sei so gut.“

[18] So Hans Graf von Lehndorff in „Ostpreußisches Tagebuch“, München 1961, S. 75.

> „Wo denken Sie hin, Großmutter! Haben Sie keine Angst, es geschieht Ihnen nichts Böses."
> Zum wievielten Mal wiederhole ich nun schon diese Standardlüge. Nichts Gutes wird ihr geschehen.
> „Wohin wollten Sie fahren? Haben Sie Verwandte hier?"
> „Niemanden habe ich. Tochter und Enkel wurden gestern von euren Soldaten erschlagen. Der Sohn kam schon früher im Krieg um. Und der Schwiegersohn ist wahrscheinlich auch tot. Alle sind tot. Ich brauche nicht mehr zu leben, ich kann nun auch nicht mehr leben."
> Sie spricht ganz gelassen, einfach, ohne Phrase. Kein Jammern, keine Träne. Völliges Abgeschlossenhaben mit dem Leben. Nur von daher kann eine solche Ruhe kommen. Und, vielleicht, aus Demut und aus dem Bewußtsein menschlicher Würde.[19]

Soweit Lew Kopelew, ein Russe. Tausendfach hatte es Situationen dieser und ähnlicher Art gegeben. Insgesamt, so heißt es, sind zwischen 1,5 und 2 Millionen deutsche Frauen auf grauenvolle Weise vergewaltigt worden, Tausende hätten sich selbst den Tod gegeben bzw. ihn in ihren Häusern, auf ihren Höfen und Gütern erwartet, weil sie lieber zu Hause sterben als ihre geliebte Heimat verlassen wollten.

Eine tiefe Tragik liegt über dem Leben der Deutschen in den ostdeutschen Provinzen. Gleichsam stellvertretend für ganz Deutschland haben sie ihr Schicksal ertragen müssen: Rache, Strafe, Greuel, Verfolgung. Ein Schicksal, das sie zwar erfahren, nicht aber verstanden haben. Ein Schicksal, das unsere ganze Familie verfolgt hat. Und bis heute ist nicht sicher, was aus einzelnen ihrer Mitglieder geworden ist, wie sie starben, wo sie starben.

---

19 So Lew Kopelew in seinem Buch „Aufbewahren für alle Zeit", Hamburg 1976, S. 105.

Wettlauf mit den Panzerspitzen

Die „Kaelble“ kämpfte sich durch den Schnee. Rummelsburg hieß das nächste Ziel, dann Neustettin. Dort ein erster Halt. Ein schöner, verschneiter Ort mitten in der Einsamkeit. So jedenfalls kam es uns vor. Wir bewegten uns ja nicht über die Hauptstrecken. Die, so unsere militärischen Begleiter, waren ohnehin verstopft. Also Nebenstrecken. Natürlich waren sie nicht geräumt. Natürlich gab es keine Rastplätze für Verpflegung. Weit und breit Pommern, nichts als Pommern: Weite, Schnee, Chausseebäume und verschneite Feldwege zu einsamen Gehöften. Gelegentlich ein Stop. Dann hieß es: Raus, Schnee wegräumen. Wir schaufelten in der Kälte. Dann drehten sich wieder die Räder, immer wieder; sie drehten durch, wir schaufelten wieder und schoben unsere Fahrzeuge. Irgendwie ging es immer wieder weiter. Und auch Treibstoff konnte aufgetrieben werden. Auf den großen Höfen abseits der Strecke gab es Diesel, meistens geschenkt. Und auch Lebensmittel. Die Menschen gaben, was sie hatten. So, als wüßten sie genau, daß sie es bald selber nicht mehr brauchen würden.

In Neustettin also Station. Es war schon Abend. Unsere kleine Karawane hielt, wo gerade für sie Platz war. Ende der Fahrt, aussteigen. Aber wohin jetzt? Wo konnten wir uns wärmen, wo konnten wir schlafen? Wo gab es etwas zu essen, wo eine Herberge?

Es gab sie. Immer gab es sie. In jeder einzelnen Nacht auf unserer Flucht durch Pommern. Immer wieder in einem anderen Ort. Immer wieder bei anderen fremden Menschen. Doch so verschieden sie auch waren, so unterschiedlich ihre Wohnungen – überall die gleiche Gastfreundschaft, die gleiche Herzlichkeit, mit der wir, meine Mutter, mein Vater und ich, aufgenommen wurden. Eine warme Küche, ein gemütliches Wohnzimmer, Essen, aufmunternde Gespräche – und manchmal überließen uns die Gastgeber sogar ihr eigenes Schlafzimmer. Nie gab es ein Problem, nie Ablehnung oder Ausreden, wenn mein Vater bei doch unbekannten Menschen an die Tür klopfte und nach einer Übernachtung fragte. Das mochte ihn manche Überwindung gekostet haben. Ich habe ihn im stillen immer bewundert, mit welch schweigender Selbstverständlichkeit er sich Abend für Abend für uns bemühte.

Leider weiß ich die Namen unserer Gastgeber nicht mehr. Ich weiß nicht, was aus ihnen geworden ist. Denn schon wenige Tage nach uns dürften sie selbst ihre Habseligkeiten ergriffen haben. Sie teilten dann unser Schicksal – die Schlachterfamilie, die uns freigiebig mit den leckersten Würsten versorgte; die Bäckersleute, die uns noch warmes Brot schenkten und andere Dinge dazu; und auch die junge Frau, die schon lange nichts mehr von ihrem Mann an der Front gehört hatte und jetzt mit ihren drei kleinen Kindern den Aufbruch vorbereitete. Doch wohin? Und wie?

So bitter diese Zeit war, so beklommen und ahnungsvoll wir die Fluchttage in Pommern erlebten: die Gastfreundschaft, die Hilfsbereitschaft und die menschliche Wärme, die wir empfangen haben, werde ich nie vergessen. Diese Werte gehören zu den glücklichen Erfahrungen in unglücklicher Zeit. Sie zeigen, wozu Menschen fähig sind. Das stärkte uns und gab uns Hoffnung.

Neustettin. Schon früh am nächsten Morgen mußten wir weiter. Wir waren umgestiegen – von der „Kaelble“-Zugmaschine in einen Bus. Feldgrau angestrichen, ohne eigene Motorkraft fuhren wir nun im Schlepp eines Lkws. Ohne Motor keine Heizung. Trotzdem gab es etwas Wärme. Denn mitten im Bus war ein Bunkeröfchen postiert. Das wurde kräftig beheizt und tat, was es konnte. Aber angesichts der Kälte draußen – es war der kälteste Winter seit langem –, des relativ großen Innenraumes und der kleinen Heizkapazität hielten sich die Wärmegrade doch sehr in Grenzen. Ein Problem war das für uns nicht. Wir waren froh, daß wir überhaupt fuhren, wir waren dankbar für jeden Kilometer weiter nach Westen.

In dem Bus waren zwei Soldaten und wir Flüchtlinge. Kaum jemand sprach. Alle waren mit sich und ihren Ängsten beschäftigt. Würden wir es schaffen? Immer wieder drohten wir, liegen- oder steckenzubleiben. Welchen Ort werden wir erreichen? Wo kommen wir unter?

Am Abend erreichten wir dann die nächste Stadt: Neustettin. Wieder Neustettin! Wir waren praktisch im Kreis gefahren. Nicht aus Absicht natürlich oder Unkenntnis. Aber wegen der Verstopfungen, der Umleitungen, der Schneeverwehungen. Also wieder Neustettin. „Unsere“ Herberge war besetzt. Andere Flüchtlinge hatten das Glück, dort untergekommen zu sein. Mein Vater suchte und fand. Andere Menschen, gleiche Gastfreundschaft. Fast war es wie zu Hause – fast. Licht in der Dunkelheit. Am Tag darauf erreichten wir Polzin, dann Schivelbein. Eine Kreuzfahrt durch Pommern bei Kälte und Schnee. Eine Fahrt im angehängten Bus, an uns noch ein weiterer Lkw angehängt. Durch Schneewehen und über Nebenstrecken. Von Dorf zu Dorf. Doch immerhin, wir kamen weiter, immer weiter nach Westen, wo wir ja hinwollten.

Aber auch die russischen Panzer kamen weiter. Sie schossen sich über Bromberg, Schneidemühl, Deutsch-Krone in Richtung Stettin durch und schafften etwa 30 Kilometer am Tag, manchmal sogar mehr. Beide, die

Panzer und wir, wollten in die gleiche Richtung. Wir fuhren praktisch parallel zueinander – die Russen südlich, wir nördlich. Zeitweilig dürften uns nur 30 bis 40 Kilometer von ihnen getrennt haben. Ein kurzer Schwenk nach Norden, und die Panzer hätten uns in Polzin oder Schivelbein in Empfang genommen. Eine grausige Vorstellung. Für viele andere, die sich auf der Flucht befanden, wurde sie jedoch Realität: Der Durchbruch nach Norden, er gelang den Russen schließlich. Millionen waren den Sowjets hilflos ausgeliefert. Der Weg Richtung Westen, in die vermeintliche Sicherheit, war plötzlich versperrt. Die Flüchtlinge, eben noch hoffnungsvoll unterwegs nach Westen, mußten zurück in den großen Kessel, in dem schon Unzählige umherirrten und verzweifelt einen neuen Fluchtweg suchten. Es war, als hätte jemand ganz oben befohlen: Das Ganze, halt! Auf und umkehren! Zurück! Die Flüchtlinge in Ostpommern, West- und Ostpreußen – abgeschnitten, eingesperrt in der eigenen Heimat. Endlose Trecks bewegten sich plötzlich in umgekehrter Richtung wieder nach Osten. Hin zu den großen Seehäfen in der Danziger Bucht.

Wir aber, wir konnten uns durchschlagen. Greifenberg, Wollin und schließlich Swinemünde, das Ziel unserer Flucht durch Pommern. Wir waren angekommen.

Drei Torpedos für ein Traumschiff

Swinemünde also. Eine Hafenstadt beidseits der Swine, die die beiden Stettin vorgelagerten Inseln Usedom und Wollin trennt. Ein Kriegshafen mit lebhaftem Schiffsverkehr, der auf mich mit den vielen großen Schiffen, den Matrosen, den vereinzelten U-Booten und schnellen Torpedobooten als Junge einen faszinierenden Eindruck machte.

Wieder hatten wir Glück. Wir mußten nicht in eines der 32 Flüchtlingslager der Stadt, wir fanden ein Privatquartier. Unser Gastgeber war die Familie Giese, die Familie eines früheren legendären Bürgermeisters von Deutsch-Eylau, der sich in Swinemünde als Rechtsanwalt niedergelassen hatte. Das Zimmer, das wir bewohnten, war warm, einigermaßen möbliert und reichte bequem für unsere Bedürfnisse. Es reichte für zwei – meine Mutter und mich. Für meinen Vater mußte es nicht reichen – er war, kaum in Swinemünde angekommen, zum Volkssturm gerufen worden.

Was das hieß, war klar: zu allem bereit sein, zum Kämpfen, Verteidigen, Stellungen bauen – und alles mit unzureichenden Mitteln. Sich dem Volkssturm entziehen, daran war nicht zu denken; es wurde als Wehrdienstverweigerung ausgelegt, auf die die Todesstrafe stand. Mein Vater, der seine militärischen Erfahrungen und das Eiserne Kreuz aus dem Ersten Weltkrieg mitgebracht hatte, wurde zum Zugführer in einer Volkssturm-Kompanie ernannt. Sein Standort wurde Heringsdorf, der bekannte Badeort auf der Insel Usedom.

So waren wir dann plötzlich wieder allein, meine Mutter und ich. Wir versuchten, uns notdürftig einzurichten in Swinemünde, hörten im Radio die Wehrmachtberichte, die immer bedrohlicher klangen, und hatten keine Ahnung, wie es weitergehen sollte. Auch hinter dem, was aus meinem Vater werden würde, stand ein großes, besorgtes Fragezeichen.

Eines Nachts hörten wir plötzlich das Trampeln von Füßen, von Stiefeln, die in höchster Eile dem Hafen zustrebten. Sie gehörten Matrosen, die der Alarmruf ereilt hatte: Sofort an Bord! Warum, was geschehen war – das sollten wir erst viel später erfahren. In dieser Nacht war es ein Geheimnis, das Drama, das sich gerade auf der Ostsee – gar nicht weit von Swinemünde entfernt – abspielte. Es war die Nacht des 30. Januar 1945. Die Nacht der größten Schiffskatastrophe aller Zeiten, die das Ausmaß des Unterganges der

„Titanic" weit hinter sich lassen sollte. Es war die Nacht, in der die „Wilhelm Gustloff" unterging.

Vier Jahre hatte sie in Gotenhafen gelegen und als schwimmende Kaserne für die Kadetten der 2. U-Boot-Lehrdivision gedient. 1937 in Hamburg vom Stapel gelaufen, sollte sie eigentlich ganz andere Aufgaben erfüllen. Als das damals größte Kreuzfahrtschiff der Welt – 208 m lang, 56 m hoch, ein 25.000-Tonner – hatte die „Wilhelm Gustloff" im Auftrag der KdF-Organisation[20] Ferienreisen im Atlantik und dem Mittelmeer unternommen und 1939 die „Legion Condor" aus Spanien nach Hause gebracht. Sie war ein Traumschiff der Vorkriegszeit gewesen.

Jetzt, im Januar 1945, war neue Order gekommen: Rettung von Verwundeten, Soldaten und Flüchtlingen vor der anstürmenden Roten Armee. Die Schiffsführung der „Wilhelm Gustloff" bildeten gleich vier Kapitäne. Friedrich Petersen, 63 Jahre alt, ein erfahrener Vertreter der christlichen Seefahrt, hatte schon vor dem Kriege Passagierschiffe über die Meere dieser Welt geführt. Petersen war der „Liegekapitän" in Gotenhafen gewesen. Dazu Korvettenkapitän Wilhelm Zahn, der militärisch Verantwortliche. Und nicht zuletzt zwei junge „Fahrkapitäne" mit Erfahrung auf der Ostsee: Karl-Heinz Köhler und Harry Weller. Sie kamen von der Handelsmarine und hatten – warum auch immer – nur mäßige Anerkennung bei den Offizieren der Kriegsmarine gefunden.

Vier Kapitäne also auf einem umlackierten Musikdampfer – und draußen die Ostsee voller Minen und russischer U-Boote. Diese vier sollten die „Wilhelm Gustloff" am 30. Januar 1945 sicher über die Ostsee gen Westen führen. Die Kompetenzen waren ungeklärt, Streit auf der Brücke damit vorgezeichnet.

Am 29. Januar war die „Gustloff" klar zum Auslaufen. Doch erst am 30. Januar um 12.20 Uhr zogen vier Schlepper das Schiff von der Pier weg. Es sollte im Geleitzug fahren, zusammen mit dem Passagierschiff „Hansa" und geschützt von drei kleineren Kriegsschiffen. Doch die „Hansa" lag still vor Anker – Maschinenschaden. Statt der drei versprochenen Kriegsschiffe konnte überdies nur eines die „Gustloff" begleiten, nämlich das Torpedoboot „Löwe". Die Schiffsführung entscheidet: Wir fahren trotzdem!

Und sie machte einen ersten, folgenschweren Fehler – sie reduzierte die Fahrgeschwindigkeit. 15 Knoten schnell hätte das Schiff sein können, und der erfahrene U-Boot-Mann Zahn auf der Brücke forderte diese Höchstgeschwindigkeit auch ein. Er wußte: U-Boote sind langsam, eine höhere

---

[20] KdF = Kraft durch Freude; diese NS-Gemeinschaft war eine politische Organisation, die die Aufgabe hatte, die Freizeit der Deutschen zu gestalten; sie war der größte Reiseveranstalter im Dritten Reich. KdF war eine Unterorganisation der Deutschen Arbeitsfront (DAF).

Geschwindigkeit könnte die Chancen der „Gustloff" verbessern. „Geht nicht", hielt Kapitän Petersen dagegen, „unsere Maschinen schaffen das nicht." Schließlich hatte die „Gustloff" jahrelang still am Kai gelegen, ihre Manövrierfähigkeit war eingeschränkt. Außerdem war das Schiff durch einen Bombenangriff leicht beschädigt worden. Zwar hatte es eine Reparatur gegeben. Aber Petersen traute den Schweißnähten nicht. Mehr als 12 Knoten ließ er nicht zu. Diese Geschwindigkeit schaffen auch U-Boote.

Und die Kapitäne machten einen weiteren Fehler. Zwei Routen kamen für die Fahrt nach Westen in Betracht. Der „Seeweg" weit draußen, der „minenfrei" sein sollte, und der „Landweg" dichter an der Küste, der für feindliche U-Boote viel riskanter war. Immerhin war dort die Wassertiefe geringer; U-Boote hätten deshalb nicht so leicht abtauchen können und wären dann einem Beschuß ziemlich hilflos ausgeliefert gewesen. Andererseits drohten hier Luftangriffe, auch die Minengefahr war ungleich größer. Gegen den Rat des U-Boot-Offiziers Zahn wählten die anderen Kapitäne deshalb den Weg über die hohe See. Eine Entscheidung mit tödlicher Folge.

Diejenigen, die auf der „Gustloff" Zuflucht gefunden hatten, fühlten sich zum ersten Mal nach langer Zeit sicher. Es war warm an Bord. Es gab zu Essen. Es gab sogar eine Entbindungsstation. Aber es war auch fürchterlich eng. Etwa 1.100 Offiziere und Soldaten waren auf dem Schiff, über 70 Schwerverwundete, zirka 370 junge Marinehelferinnen, zwischen 17 und 25 Jahre alt – und Tausende von Flüchtlingen, zumeist Frauen und Kinder, viele Frauen hochschwanger. Schon die Einschiffung war unbeschreiblich – ein Chaos. Etwa 60.000 Menschen warteten darauf, an Bord zu kommen. Sie stürmten jede Leitplanke. Kinder gerieten ohne Mütter auf das Schiff. Andere Kinder wurden im Gedränge von den Händen der Mütter gerissen, über den Rand gestoßen und fielen zwischen Kaimauer und Bordwand ins Wasser. Hilfeschreie verhallten ungehört.

Für 2.000 Passagiere war die „Wilhelm Gustloff" gebaut. Jetzt drängten sich mehr als 10.000 Menschen an Bord; bis zu 7.956 hatte man exakt gezählt, dann reichte das Papier nicht mehr. Menschen auf allen 10 Decks, in allen Räumen, in allen Gängen. Jeder Quadratzentimeter ausgenutzt. Das einstige Schwimmbad dicht belegt mit Marinehelferinnen. Und alle froh, dem Schrecken entronnen und auf dem Weg in Freiheit und Sicherheit zu sein. Eine trügerische Sicherheit. Wie trügerisch, sollte sich schon wenige Stunden später zeigen. Nur für 60 Prozent der Passagiere gab es Schwimmwesten, natürlich waren auch zu wenig Rettungsboote und -flöße vorhanden. Aber wer dachte schon, froh, überhaupt an Bord zu sein, an SOS und Rettungsnot?

Am Dienstag, dem 30. Januar 1945, mittags um 12.20 Uhr, hatte die „Wilhelm Gustloff" in Gotenhafen abgelegt und Kurs auf die offene See genommen. Schneetreiben setzt ein. Der Wind wehte mit Stärke 7, Sturmböen kamen auf, die Außentemperatur betrug 17 °C unter Null und sank weiter. Langsam bildeten sich Eisschichten auf Deck und überzogen auch die Davits und Halterungen der Rettungsboote. Die Besatzung hatte alle Hände voll zu tun, wenigstens die Flakgeschütze einsatzbereit zu halten.

Es wird dunkel. Zickzackkurs wegen der U-Bootgefahr wollten alle – nur Kapitän Petersen nicht: Das Schiff galt dafür als zu lang, die minenfreie Fahrrinne für solche Manöver als zu schmal. Petersens Stimme hatte letztlich Gewicht.

So dampfte die „Wilhelm Gustloff" durch die nächtliche Ostsee – mit jenen unglücklichen 12 Knoten Geschwindigkeit, beleuchtet durch ihre Positionslichter, Rot an Backbord, Grün an Steuerbord. Wie im Frieden.

Ja, die Schiffsführung hatte ihre dritte und letzte Fehlentscheidung getroffen – das Licht. Kein Licht, wie es der U-Boot-Offizier auf der Brücke gefordert hatte, das wiederum lehnte Kapitän Petersen ab – wegen der Kollisionsgefahr. So nahm das Schicksal seinen Lauf. Plötzlich ein Schlag. Dann ein zweiter, ein dritter. Eine Augenzeugin berichtete später im „Spiegel"[21]:

> Es war, als wenn Eisenplatten mit wahnsinniger Wucht gegeneinander geschlagen wurden. Entsetzensschreie gellten durch die Luft. Ich sah Verwüstung. Umgestürzte Spinde, eingeklemmte schreiende Mädchen. Durch die Tür, die zum Schwimmbad führte, drang Wasser. Ich riß sie auf und sah ein entsetzliches Bild. Überall lagen meine Kameradinnen, teilweise schon vom Wasser überflutet, ein schreiender, betender Haufen. Die Mädels, die noch nicht tot oder ertrunken waren, versuchten die Treppe nach oben zu erreichen. Doch die Schotten waren dicht, es gab kein Entkommen mehr. Ich hörte Schreie nach der Mutter, nach Gott, nach Hilfe. Ich will nicht sterben, schrie eines der Mädchen. Eine andere Kameradin neben mir hatte von irgendwoher ein Messer und schnitt sich die Adern an beiden Armen auf – ihr Blut mischte sich mit dem immer höher steigenden Wasser.

Um 21.08 Uhr hatten drei Torpedos des russischen U-Bootes S-13 die „Gustloff" getroffen. Das erste gleich vorn am Bug, dort, wo die Mannschaftsräume lagen. Dann das zweite unter dem Schwimmbad, wo die Marinehelferinnen eingepfercht waren; das dritte Torpedo schließlich traf den Maschinenraum: die Schiffsmotoren fielen aus, die ganze Technik einschließlich der Geräte im Funkraum, die Beleuchtung. Helle Panik herrschte bereits, als wenige Minuten später die Notbeleuchtung anging. Das Torpedoboot „Löwe" funkte verzweifelt SOS und nannte permanent die Position der sinkenden „Gustloff": Position Stolpmünde. 55 Grad 07 Nord, 17 Grad 42 Ost … Das große Sterben hatte begonnen. Alle versuchten

[21] Der Spiegel, 6/02, 4. Februar 2002, S. 184 ff.

Wurde zum Grab für etwa 9300 Menschen: das KdF-Schiff „Wilhelm Gustloff", dessen Untergang als größte Katastrophe in der Seeschiffahrtsgeschichte gilt.

gleichzeitig, die oberen Decks zu erreichen. Viele wurden bereits auf dem Weg aus dem Schiffsinneren zertrampelt, die Treppen waren glitschig geworden vom Blut und den Eingeweiden der Verzweifelten. Wer oben ankam, suchte meist vergeblich nach Rettungsbooten. Die meisten dieser Boote konnten wegen der Schräglage des Schiffes oder wegen Vereisung der Halterungen gar nicht erst zu Wasser gelassen werden; auch gab es kaum Personal dafür. Denn das war nach dem sofortigen Kommando „Schotten dicht!" in seinen Aufenthaltsräumen im Bug eingeschlossen und dem sicheren Tode überantwortet worden.

Wer sich retten wollte, sprang in Panik in die eiskalte Ostsee. Ganze Familien begingen Selbstmord. Ein Uniformierter, der seine Frau und seine beiden Kinder erschoß, setzte sodann die Pistole an die eigene Schläfe – Ladehemmung. Kinder schrieen verzweifelt nach ihren Müttern, bevor sie entkräftet oder unterkühlt den Tod im Wasser fanden. Verwundete, bewegungsunfähig und den sicheren Tod vor Augen, bettelten um eine barmherzige Kugel. Es war eine schier unbeschreibliche Situation; um ein Vielfaches grausamer als einst der Untergang der „Titanic", der doch die Welt so dramatisch bewegt hatte.

Fast die Hälfte ihres Weges nach Swinemünde hatte die „Wilhelm Gustloff" bereits hinter sich, als sie in Sicht des russischen U-Bootes S-13 gekommen war – es hatte die Positionslichter der „Gustloff" entdeckt. Ein dicker Brocken! Eine genauere Identifikation war dem Kommandanten von S-13 nicht möglich. Egal: Hier fuhr das gefundene Fressen. Alexander Marinesko hieß der Kommandant des U-Bootes, das jetzt schon 19 Tage erfolglos auf See war. Marinesko war nur Kommandant auf Bewährung, wegen einer Zechtour, er mußte Erfolg haben; jetzt wurde er ihm in der nachtdunklen

Ostsee geradezu serviert. Und Marinesko handelte; er wußte nicht einmal, wen er da auf den Meeresboden schickt.

Nach einer knappen Stunde ist alles vorbei. Bug voran, Heck hoch aus dem Wasser – so verschwindet die „Wilhelm Gustloff" immer schneller von der Wasseroberfläche. Die Menschen, die sich noch oben auf der Steuerbordseite festgeklammert hatten, stürzen übereinander und werden in den Strudel gerissen. Und plötzlich, in der Minute ihres Todes, geschieht etwas, das man mit Sicherheit als erfunden abtun würde, hätten es nicht verzweifelte Menschen selbst gesehen: Während die „Gustloff" sinkt, springt die volle Beleuchtung dieses Schiffes noch einmal an. Dann heulen die Sirenen. Eine gespenstische Szenerie.

Lufttemperatur –18 °C, Wassertemperatur um den Gefrierpunkt, die Überlebenschancen gering. Dennoch gab es Überlebende – zirka 1.200 sollen es gewesen sein, immerhin. Sie wurden – manche erst Stunden später – von insgesamt 7 Schiffen aufgenommen, die nach und nach zu Hilfe geeilt waren. Mehr als 9.000 Menschen sollen ertrunken sein – sechsmal so viel wie beim Untergang der „Titanic".

Die vier Kapitäne der „Gustloff" gehörten zu den Geretteten. Ihnen war keine Schuld anzulasten. Ob sie ihr Schicksal verwunden haben? Da gibt es Zweifel. Kapitän Karl-Heinz Köhler jedenfalls ist mit den Erlebnissen dieser Nacht nie fertig geworden. Bald nach dem Krieg hat er sich in seiner Heimatstadt Verden das Leben genommen. Er hat sich erhängt.

Die „Wilhelm Gustloff" war kein Einzelfall. Sie steht als ein Beispiel der Grausamkeit von Krieg und Vertreibung. Auch andere Schiffe gingen verloren, so die „Steuben" mit etwa 3.600 Toten, die „Goya" sank gar mit etwa 6.700 Menschen an Bord, nur 170 von ihnen wurden gerettet. Allein auf diese drei Schiffe entfiel die Hälfte aller ertrunkenen Flüchtlinge.

Die gesamte Rettungsaktion der Flüchtlinge über die Ostsee sollte fünf Monate dauern. Etwa 2,4 Millionen Menschen konnten auf diese Weise in Sicherheit gebracht werden, eine unglaublich hohe Zahl. Die Marine hatte alle Kräfte aufgeboten und kein Risiko gescheut: Sie war Tag und Nacht und bei jedem Wetter unterwegs und kann eine Bilanz vorlegen, die ihresgleichen sucht in der Geschichte der Seefahrt. Genau 1.081 Schiffe waren beteiligt, davon 672 Handelsschiffe, von denen 245 verloren gingen. Und bis zur letzten Minute wurden die Retter von ihrem Oberkommando angespornt: „An alle im Osttransport eingesetzten Einheiten: Im Sinne der Aufgabe handeln, beeilt Euch!"

Das waren genau 37 Minuten vor Ablauf der letzten Frist. Diese letzte Frist kam im Mai 1945, mit der Kapitulation des Deutschen Reiches. Um diese letzte Frist hatte der deutsche Großadmiral Dönitz, von Adolf Hitler zu seinem Nachfolger ernannt, erbittert gerungen. Dönitz, der charismatische

Befehlshaber der U-Boote und zumindest in den Anfangsjahren des Krieges sehr erfolgreich, hatte als neuer Reichspräsident, der er dann wurde, nur eines zu tun, nämlich den Krieg so schnell als möglich zu beenden und die Niederlage des Deutschen Reiches zu besiegeln. Dönitz in seiner ersten Ansprache als Staatschef am 1. Mai 1945: „Meine erste Aufgabe ist es, deutsche Menschen vor der Vernichtung durch den vordrängenden bolschewistischen Feind zu retten. Nur für diesen Zweck geht der militärische Kampf weiter." Er erreichte, mitten im Zusammenbruch, noch eine Gnadenfrist: Nach Eintritt der Waffenruhe sollten sich die deutschen Verbände noch 48 Stunden „bewegen" dürfen, auch auf dem Wasser.

Montgomery, der englische Oberbefehlshaber, lehnte hinsichtlich der Flüchtlingstransporte zwar jede Garantie ab. Aber, so ließ er durchblicken, er sei „kein Unmensch". Anders Eisenhower. Der wollte keine Frist akzeptieren; erst sein eigener Stabschef stimmte ihn um – weniger wohl aus humanitären denn aus organisatorischen Gründen. Jedenfalls wurde von deutscher Seite alles, was an Schiffen noch aufgeboten werden konnte, gen Osten geschickt. In den ersten acht Tagen des Mai 1945 wurden noch mehr als 200.000 Menschen transportiert und gerettet, 45 Schiffe gingen dabei verloren. Solch einen Einsatz – wo hat es das je gegeben? Der Krieg war verloren. Nicht verloren aber war die Moral, das unpathetische Heldentum des „unbekannten Soldaten", der seine Pflicht – und mehr als seine Pflicht – noch während des Untergangs seines Vaterlandes tat. Das letzte Schiff traf erst am 14. Mai, also eine Woche nach der deutschen Kapitulation, mit 75 Verwundeten, 25 Frauen und Kindern und 35 Soldaten in Flensburg ein. Es war die „Hoffnung".[22]

---

[22] Vgl. zum Untergang der „Wilhelm Gustloff" auch den entsprechenden Eintrag im Internetlexikon Wikipedia unter: de.wikipedia.org/wiki/Wilhelm_Gustloff_Schiff

Ein Geschenk des Himmels

Immer noch Swinemünde. Die Geschäftigkeit einer Hafenstadt. Meine Mutter und ich, wir waren allein. Wir lebten von dem, was die Lebensmittelmarken uns erlaubten. Das war nicht viel, aber es reichte, wenn man besonders sparsam mit den bescheidenen „Vorräten" umging. Manchmal hatte ich Hunger, aber ich sprach nicht darüber.

Weit mehr als gelegentlicher Hunger beschäftigte uns die Sorge um das Weiterkommen. Denn das war klar: Auch in Swinemünde konnten wir nicht bleiben. Von Tag zu Tag, von Stunde zu Stunde kamen die Russen näher, zügig rückten sie auf die Oder vor und bereiteten sich auf die Einnahme von Stettin vor. Lange konnte es also nicht dauern, bis sie auch Swinemünde erreicht haben würden.

Wir sorgten uns auch um meinen Vater. Er war ja nicht weit weg von uns, in Heringsdorf. Als Volkssturmmann, als eine Art „letztes Aufgebot" sollte er mithelfen, die Insel Usedom zu verteidigen. Doch womit?

Wer oder was war das überhaupt, der Volkssturm? Ein Hilfsheer, ein Landsturm, wie es früher geheißen hatte? Der Gedanke, sozusagen ein „letztes Aufgebot" bilden zu müssen, war eine Folge des 20. Juli 1944, dem Tag des Attentats auf Adolf Hitler. Joseph Goebbels, Minister für Volksaufklärung und Propaganda, hatte am 18. Februar 1943 den „totalen Krieg" propagiert. „Wollt ihr den totalen Krieg?" hatte er Tausende von Menschen im Berliner Sportpalast rhetorisch gefragt. „Wollt Ihr den totalen Krieg?" Und Tausende antworteten laut und begeistert „Jaaa!" und wieder „Jaaa!". Diese Demagogie, aber auch diese offenbar echte Begeisterung der Massen ist mit heutigen Maßstäben nicht zu verstehen. Damals wurde sie als Aufschrei zum Durchhalten verstanden und lange befolgt. Goebbels verstand sein Geschäft wie kein Zweiter.

Der Volkssturm war eine Folge davon. Alle Männer vom 16. bis 60. Lebensjahr sollten erfaßt werden, die bisher wegen kriegswichtiger Arbeiten oder wegen mangelnder Tauglichkeit nicht an die Front geschickt werden konnten. In dem Erlaß Adolf Hitlers vom 25. September 1944 las sich das so:

> Es ist in den Gauen des Großdeutschen Reiches aus allen waffenfähigen Männern im Alter von 16–60 Jahren der deutsche Volkssturm zu bilden. Er wird den Heimatboden mit allen Waffen und Mitteln verteidigen, soweit sie dafür geeignet erscheinen.
>
> Die Angehörigen des deutschen Volkssturms sind während ihres Einsatzes Soldaten im Sinne des Wehrgesetzes.

> Der Kampfeinsatz des deutschen Volkssturms erfolgt nach meinen Weisungen durch den Reichsführer SS als Befehlshaber des Ersatzheeres.

Uniformen gab es keine. Volkssturmmänner unterschieden sich von gemeinen Zivilisten nur durch eine Armbinde. „Deutscher Volkssturm – Wehrmacht" stand da drauf und sollte vor allem rechtlich den Kombattanten kennzeichnen. Dazu gab es, wenn überhaupt, eine leichte Bewaffnung. Die Kampfkraft des Volkssturms war noch nicht einmal umstritten – ein wirklich letztes Aufgebot ohne militärischen Sinn, dafür aber im Falle eines Einsatzes dem Tode geweiht. Mit anderen Worten: Kanonenfutter.

Natürlich wußte mein Vater das. Aber was änderte es? Nichts. Er konnte nur seine alten Erfahrungen als Soldat nutzen – und das tat er wie viele seiner Kameraden in Heringsdorf auch.

Ende Februar 1945. Meine Mutter und ich, wir mußten raus aus Swinemünde. Das Schicksal wiederholte sich, die Russen kamen näher, immer näher. Schon wurden die ersten Kämpfe bei Küstrin gemeldet, der alten preußischen Festung an der Oder. Schon standen die Panzer bei Arnswalde, gar nicht weit von Swinemünde entfernt.

Raus – ja. Aber wie? Es war diesmal kein Oberleutnant wie in Preußisch Stargard zur Stelle, der uns helfen konnte. Kein Zug, in dem wir Platz gefunden hätten, selbst auf den Puffern nicht oder den Trittbrettern. Vielleicht per Schiff? Auch das war eine Illusion. Schiffe, die ausliefen, nahmen Kurs nach Osten, um Flüchtlinge zu holen, um sie nach Westen zu bringen. Und die wenigen, die dennoch auf Westkurs gingen, diese wenigen waren ohnehin überfüllt. Keine Chance auf einen Platz also.

Wir waren voller Unruhe. Meine Mutter, inzwischen im achten Monat schwanger, wurde von Tag zu Tag ängstlicher, versuchte aber, sich nichts anmerken zu lassen. Dafür war sie, immer von mir begleitet, ständig unterwegs. Beim Roten Kreuz, der NSV, anderen Institutionen. Das Resultat war immer das gleiche: Geduld, wir benachrichtigen Sie, wenn sich eine Fahrgelegenheit, welche auch immer, ergibt. Es ergab sich keine, was vorauszusehen war. Tausende suchten danach, verzweifelt, erfolglos. Nur wer mutig und stark genug war, sich einen Platz in einem der Züge zu erkämpfen, selbst auf dem Trittbrett, konnte Swinemünde verlassen. Wir hatten keine Chance. Oder doch? Ein Fünkchen Hoffnung. Irgend jemand hatte meiner Mutter einen Tip gegeben: „Versuchen Sie es doch mal mit der Marine, mit dem Lazarett. Die wollen doch auch raus!"

In der Tat. Die Lazarette, gefüllt mit kranken und verwundeten Seeleuten. Die Lazarette sollten, sie mußten geräumt werden. Ob da vielleicht Platz war für eine hochschwangere Frau und ihren Jungen? Flüchtlinge, Vater beim Volkssturm? Nein, leider – so hieß es. Niemand ließ sich erweichen. Die Zeit verging, unsere Situation wurde kritischer. Auch unsere Gastgeber fragten sich immer drängender, wann denn sie selbst Swinemünde verlassen sollten und vor allem – wie? Die Situation wurde allmählich verzweifelt.

Da kam meiner Mutter eine Idee: „Geh nicht zu Schmidtchen. Geh zu Schmidt." Ganz einfach war diese Idee. Am nächsten Tag gingen wir zu Schmidt. Das heißt: Wir gingen – wieder einmal – zum Hafen. Wir gingen durch ein großes Tor, an den Wachtposten vorbei, immer geradeaus und am Ende links. Dort residierte der Flottenarzt, Chef der medizinischen Versorgung und damit aller Lazarette in Swinemünde. Seinen Namen weiß ich nicht mehr. Ich erinnere mich nur an die eindrucksvollen goldenen Streifen auf der Uniform und die leichte Ungeduld, mit der er uns empfing. Wir waren nicht angemeldet. Aber schon nach wenigen Minuten begannen wir, so etwas wie Hoffnung zu fühlen, ganz wenig, ganz vorsichtig und eher ängstlich.

Denn offenbar stimmte die Chemie. Der Doktor betrachtete meine Mutter nachdenklich. Ein Lächeln, Mitgefühl, Sympathie. Er sah aus dem Fenster, wo gerade ein Torpedoboot Kurs auf See nahm, sah auf meine Mutter. „Ja", sagte er, „das Problem ist mir klar. Ich habe auch Familie. Sie ist hier, in Swinemünde. Auch sie muß raus!" Und vor allem: Seine Verwundeten mußten raus. Viele hundert Verwundete in mehreren Lazaretten, darunter unzählige Schwerverwundete. Alle wollte er in den Westen schaffen, früh genug, bevor die Russen, die Panik und das Grauen kamen. Der Verteidigung gab der Flottenarzt offenbar keine Chance mehr. Aber auch er hatte Probleme mit der Transportkapazität. Er brauchte, schon wegen der medizinischen Pflege und Versorgung, geschlossene Transporteinheiten, zu Schiff oder per Bahn. Das logistische Problem war dabei mindestens so groß wie der Zeitdruck, unter dem er stand. Er wollte alle retten. Ob ihm, diesem sympathischen, hilfsbereiten, so menschlichen Flottenarzt, die Rettung all seiner Schutzbefohlenen schließlich gelang, ist mir nicht bekannt. Und auch nicht, ob er selbst und seine Familie dem Bombardement entrinnen konnten, das schon wenige Tage später auf Swinemünde niedergehen sollte.

Uns aber hat er gerettet. Er empfahl, täglich Verbindung mit seinem Büro zu halten, nur wenige Habseligkeiten, wir hatten sowieso kaum welche, Tag und Nacht bereitzuhalten – und tapfer und ruhig zu bleiben. „Machen Sie sich keine Sorgen!"

Plötzlich dann ein Datum, eine Uhrzeit und die Mahnung zu absoluter Pünktlichkeit. Und Vertraulichkeit! Kein Wort an Dritte. Wir sollten da sein, auf dem Marinegelände, mit dem, was wir gerade tragen konnten. Wir bekämen einen Platz in einem Lazarettzug. Wohin dieser schließlich fuhr – egal. Wann genau er fuhr, auch das war egal. Hauptsache: ein Platz! Hauptsache: Der Zug fährt überhaupt. Das Geschenk des Himmels – es war gekommen. Der Doktor hatte Wort gehalten. Trotz all seiner Sorgen, der blutigen Probleme des Kriegs, der Schiffsuntergänge, Rettungsmanöver und Verwundungen hatte er unsere vergleichsweise geringen Sorgen – das Entkommen einer kleinen Familie – nicht vergessen.

Im Schatten des Krieges

Unsere Chancen, aus Swinemünde herauszukommen, waren nie größer gewesen als jetzt. Aber wie sollte es überhaupt weitergehen, auch nach Swinemünde? Wo sollten wir hin? – Schlimmer noch: Wie und wo sollte alles enden? Das Elend dieser Flucht, der ganze schreckliche Krieg? Würden wir unsere Heimat jemals wiedersehen? Diese Fragen stellen sich nicht bei akuter Bedrohung, nicht bei Lebensangst. Da gibt es Ängste von ganz anderem Kaliber. Aber jetzt, zwischen Bangen und Hoffen in Swinemünde und der Ungewißheit über das Schicksal meines Vaters beim Volkssturm – da ließen sich solche Gedanken schwer vertreiben. Sie erschienen wie Gespenster, formlos zunächst und nicht zu fassen, aber hartnäckig. Wenn der Weg das Ziel ist: Wo kommt er überhaupt her, der Weg, wo ist sein Anfang? Vom Ende gar nicht zu reden.

Für mich hatte alles in Zoppot begonnen. In Zoppot, dem damals sehr bekannten Badeort an der Danziger Bucht, zwischen Danzig und Gotenhafen gelegen, das damals Gdingen hieß. In Zoppot verbrachten meine Eltern und ich herrliche Ferientage. Das war im sonnigen Monat August des Jahres 1939, gleichsam am Vorabend des Krieges. Wir wußten es nur noch nicht.

Der Ort war nicht ganz einfach zu erreichen. Denn Zoppot gehörte zum „Freistaat Danzig", der damals eine deutsche Enklave in polnischem Gebiet war. Schon der Weg nach Danzig war merkwürdig genug. Wir konnten zwar in Deutsch-Eylau eine Fahrkarte nach Zoppot lösen, in den Zug steigen und losfahren. Aber dann, kurz vor Dirschau, bevor es über die Weichselbrücke ging, trat Militär auf den Plan. Uns fremde Uniformen, kantige Mützen, Gewehre – polnische Soldaten. Ich hatte noch nie fremde Soldaten gesehen, noch nie Militärangehörige mit so abweisenden, unpersönlichen Gesichtern – es machte mich beklommen. Meinen Eltern schien es nicht anders zu gehen. Polnisches Militär war schließlich kein alltäglicher Anblick, schon gar nicht im Frieden. Und den hatten wir damals schließlich noch. Noch.

Die Vorhänge in den Abteilen wurden zugezogen. Sie durften erst auf Anweisung wieder geöffnet werden. Doch während der Zug langsam über die Weichselbrücke beim polnischen Dirschau rollte, sah ich neugierig zwischen den Vorhängen nach draußen. Stahlträger, Wasser, dazu das Rumpeln über Schienen und Weichen – und Soldaten. Mit Gewehren in der Hand standen sie da und beobachteten den Zug, der sich Meter für Meter an ihnen vorbei schob.

„Was bedeutet das? Was wollen die von uns?"

„Hoffentlich nichts", sagte mein Vater, „wir sind im polnischen Korridor."

Der polnische Korridor. Ein Gebilde des Versailler Vertrages. Der „Korridor" trennte Deutschland von Deutschland, Ostpreußen vom „Reich". Wer von Berlin, München oder Frankfurt nach Königsberg wollte, mußte durch Polen. Anders ging es nicht. Höchstens über See. Aber der Seeverkehr spielte damals noch keine so große Rolle. Der Zustand war künstlich und unhaltbar. „Der polnische Korridor bleibt das Pulverfaß Europas", hatte der britische Botschafter in Berlin, d'Abernon, im Januar 1926 erklärt. Wie recht er doch hatte. Er wurde tatsächlich zum Pulverfaß.

Die Lunte schwelte bereits, als wir – mein Vater, meine Mutter und ich, auf dem Weg nach Zoppot waren. Im August 1939. Im Frieden.

Zoppot war für mich die große Welt. Mit dem gepflegten Badestrand, dem überlangen Seesteg weit in die Danziger Bucht hinein, den Restaurants und Hotels, der wunderbaren Waldoper mit internationalen Künstlern und überhaupt dem Flair eines prominenten Badeortes – als achtjähriger Junge aus einer kleinen Stadt Ostpreußens konnte ich nur staunen. Dieses Staunen sollte sich bald verstärken, wenn auch anders als gedacht.

Wir lagen, so wie alle anderen, Deutsche und Polen, auch, am Strand und genossen den Sonnenschein und das Meer. So jedenfalls sah es aus. Aber ganz so war es nicht.

Wir hatten eine Sandburg gebaut. Eine polnische Großfamilie nebenan hatte auch eine Sandburg gebaut, sonnte sich dort zufrieden und plauderte leichthin. Nicht leise, auch nicht polnisch, nein, sie sprach deutsch. Etwas mühsam und gebrochen zwar, aber laut. Und so deutlich, daß wir es unbedingt hören mußten: „Es wird nicht mehr lange dauern", klang es aus der nachbarlichen Sandburg, „und unsere tapfere Armee ist in Berlin." Und: „Polen wird siegen. Polen ist nicht allein."

Meine Eltern waren entsetzt. „Max, hast du das gehört? Was soll das heißen? Sprechen die wirklich von Krieg? Einfach so?" fragte meine Mutter erschrocken. Mein Vater beschwichtigte: „Das kann ich mir nicht vorstellen. Die polnische Armee in Berlin? Großmannssucht ist das, dummes Gerede."

„Meinst du?" Meine Mutter war nicht überzeugt, sagte aber nichts mehr. Auch aus der polnischen Sandburg drangen nur noch „normale" Gespräche. Man nahm von uns keine weitere Notiz. Am nächsten Tag war die polnische Familie verschwunden. Zurück blieb unsere Betroffenheit, die sich wie Mehltau auf die nächsten Tage in Zoppot legte. Es sollten die letzten unbeschwerten Ferien für eine lange Zeit gewesen sein.

Schon der Gedanke an die Rückreise machte mich nervös. Nicht, daß ich Angst gehabt hätte. Wie mein Vater glaubte ich: Passieren kann nichts, Deutschland ist stark, da können die Polen reden, was sie wollen. Aber dann tauchte das Bild der Bewaffneten wieder auf, die kantigen Uniformmützen, die Gewehre und strengen Blicke … Keine schöne Aussicht. Aber wir kamen wohlbehalten nach Deutsch-Eylau zurück, ich allemal mit Erleichterung. Die Sonne schien, es waren herrliche Augusttage voll Frieden und Wärme. Meine Freunde waren da, der See, mein Boot. So war es am Tage. Und nachts?

Nachts brannte der Himmel. Feuerschein flackerte im Süden, tauchte die Nacht in gespenstisches Licht – und verhieß nichts Gutes. Dort, wo das Licht herkam, war Polen. Gleich hinter der Grenze, gute sechs Kilometer von Deutsch-Eylau entfernt, mußte es brennen. Aber was brannte, und warum? Warum brannte es in fast jeder Nacht? Ein Verdacht stieg auf, verbreitete sich schnell und wurde bald zu schrecklicher Gewißheit.

Erst waren es einzelne. Dann wurden es mehr, immer mehr. Müde und zerschlagen zogen Menschen in unsere Stadt. Manche waren nur notdürftig bekleidet, viele bluteten, meistens am Kopf. Andere trugen Notverbände. Noch war Frieden. Und in diesem „Frieden" zogen geschlagene, blutende Menschen – Männer, Frauen, Kinder – an uns vorbei. Wir standen fassungslos am Straßenrand. Die Stimmung war gedrückt, betroffen. Eine Mischung von Zorn und Furcht vor dem Ungewissen. Fragen schwirrten über die Straße: „Wo kommt ihr her? Was ist bloß passiert?"

Die Antworten erschreckten uns erst recht: „Die Polen … sie haben uns überfallen."

„Wir wurden verjagt, von unserem eigenen Hof."

„Sie haben alles niedergebrannt."

In unserer Schule wurde eine erste Notunterkunft eingerichtet. Und überall diskutierte man erregt. Auf der Straße. Beim Bäcker. Beim Metzger. In den Familien. „Vorhin traf ich Frau Meister. Und denkt euch nur, was sie erzählte – die haben doch Verwandte drüben", begann meine Mutter beim sonntäglichen Mittagessen bei meinen Großeltern, „sie hat sich gleich erkundigt, als die ersten hier auftauchten, um zu hören, ob bei ihnen alles in Ordnung sei. Gott sei Dank ja. Aber stellt euch vor: Der Nachbarhof wurde überfallen. Von Polen! Drei oder vier Mann, die mit Waffen auf den Hof stürzten. Alles haben sie durchwühlt. Und natürlich mitgenommen, was ihnen gefiel! Der Mann wurde brutal erschlagen. Die Frau ist jetzt irgendwo bei Verwandten untergekommen."

„Ja, im Rathaus haben sie ähnliches erzählt. Schlimm. Ganz schlimm", antwortete mein Vater. „Angeblich gibt es auch Hinweise, daß die Polen Listen mit Namen von Deutschen haben und daß man gegen sie vorgehen will."

„Nein! Das kann doch nicht wahr sein!" entsetzte sich meine Mutter. „Die können doch nicht unschuldige Menschen umbringen? Was haben die denn getan? Wo sie doch schon immer da leben!"

„Schuld ist nur dieser verdammte Versailler Vertrag! Die Polen glauben doch, mit uns können sie's machen. Wenn sie sich nur nicht täuschen! Ich glaube kaum, daß der Führer sich das noch lange ansehen wird", meinte mein Großvater.

„Da wirst du wohl recht haben", nickte mein Vater, „die Polen werden sich noch umgucken. Haben wir euch eigentlich von den Polen am Strand in Zoppot erzählt? Erinnerst du dich, Magda? Die haben doch glatt damit geprahlt, daß ihre ‚glorreiche' Armee bald in Berlin sein würde!"

„Wer's glaubt", schnaubte mein Großvater, „die machen sich ganz schön mausig, seit sie uns mit Hilfe der Entente beraubt haben. Die kriegen den Hals einfach nicht voll. Die sind wohl immer noch sauer, daß sie 1920 nicht auch noch uns bekommen haben. Oberschlesien und Westpreußen haben ihnen noch nicht gereicht."

„So ist es. Aber ich nehme mal an, daß wir bald ein Exempel statuieren werden", war sich mein Vater sicher.

„Mein Gott, Max, du glaubst doch nicht, daß es wieder Krieg geben wird?" fragten Mutter und Großmutter im Chor.

„Na ja, wir wollen mal nicht gleich vom schlimmsten ausgehen", wiegelte dieser ab, „aber irgendwas muß ja passieren. Wir können ja nicht seelenruhig zusehen, wie die unsere Leute massakrieren."

„Sehr richtig. Versailles war schon schlimm genug. Außerdem: Was soll schon passieren, selbst wenn es Krieg gibt? Die Polen haben doch nur eine große Klappe, da steckt doch nichts hinter. Denen gehört mal ordentlich der Hintern versohlt, und dann ist Ruhe!" meinte mein Großvater.

„Aber – wenn England und Frankreich den Polen helfen? Man liest das doch immer wieder", wandte meine Mutter ein.

Mein Vater aber blieb gelassen: „Magda, das glaubst du doch selber nicht! Die werden das Blut ihrer Soldaten ausgerechnet für Polen aufs Spiel setzen? Nie!"

„Na, ich hoffe, du hast recht. Chamberlain[23] hat ja immer seine Friedensliebe beteuert."

„Genau. Und das ja auch nicht wegen nichts. Die Engländer haben doch ein schlechtes Gewissen wegen Versailles. Gerade weil sie den Polen damals so viel gegeben haben. Wenn's hart auf hart kommt, werden die Polen sich

---

[23] Arthur Neville Chamberlain (1869–1940) war von 1937 bis 1940 Premierminister des Vereinigten Königreichs. Er gilt heute als Verkörperung der „Appeasement-Politik", die die Verständigung mit Hitler suchte. Nach der „Zerschlagung der Rest-Tschechei" durch Hitler (März 1939) änderte Chamberlain seine Haltung allerdings und schloß Garantieverträge mit Polen, Griechenland, Rumänien und der Türkei gegen mögliche deutsche Angriffe. Zwei Tage nach dem deutschen Angriff auf Polen, am 3. September 1939, erklärte die Regierung Chamberlain Deutschland den Krieg. Chamberlain trat dann unter dem Eindruck der sich abzeichnenden Niederlage in Frankreich zurück. Sein Nachfolger wurde Winston Churchill.

umgucken, wie schnell sie ganz allein dastehen. Ihr wißt doch: Hochmut kommt vor dem Fall!“ Opa schien sich seiner Sache sicher.

So verliefen wahrscheinlich alle Gespräche in Deutsch-Eylau. Oder so ähnlich. Wie soll es weitergehen? Konnte Deutschland sich das bieten lassen? Unser Verhältnis zu Polen war friedlich, nicht aber freundschaftlich gewesen. Zu tief saß in der Generation der Eltern und Großeltern die Erinnerung an die Vergangenheit, an „Versailles“. Den Hochmut und die Habgier der Polen. Frieden – ja. Aber das Mißtrauen war groß, genährt auch vom unbedingten Expansionswillen, der sich seit 1920 in diversen polnischen Gebietseroberungen und der Verschiebung seiner Grenzen Richtung Westen gezeigt hatte. Die Gefühle der Menschen in Deutsch-Eylau hatten mit Politik und Diplomatie nichts zu tun. Es war ihre, unsere begrenzte Sicht der Dinge, aus persönlichen Erlebnissen und Erfahrungen gespeist. Unser Sinn für Gerechtigkeit rief nach Vergeltung. So konnte es doch nicht bleiben! Deutschland mußte doch handeln! So dachten wir.

Nur wenige Tage später war alles entschieden: „Seit 5.45 Uhr wird zurück geschossen!“ Das sagte Adolf Hitler, Deutschlands „Führer“ und Reichskanzler, am 1. September 1939. Es war der Beginn des Zweiten Weltkrieges, der so grausam verlaufen und so verzweifelt enden sollte. Gebannt saßen meine Eltern abends vor dem Radio, Hitlers Reichstagsrede wurde übertragen. Mit seiner Begründung rannte er offene Türen ein: „Polen hat den Kampf gegen die Freie Stadt Danzig entfesselt! Es war weiter nicht bereit, die Korridorfrage in einer irgendwie billigen und den Interessen beider gerecht werdender Weise zu lösen! Und es hat endlich nicht daran gedacht, seine Minderheiten-Verpflichtungen einzuhalten. Ich muß hier feststellen: Deutschland hat diese Verpflichtungen eingehalten! Die Minderheiten, die im Deutschen Reiche leben, werden nicht verfolgt. Es soll ein Franzose aufstehen und erklären, daß etwa die im Saargebiet lebenden Franzosen unterdrückt, gequält und entrechtet werden. Keiner wird dies behaupten können!“

„Sehr richtig – das wird keiner behaupten können!“ nickten sich meine Eltern zu.

„Ich habe nun dieser Entwicklung vier Monate lang ruhig zugesehen, allerdings nicht, ohne immer wieder zu warnen. Ich habe in letzter Zeit diese Warnungen verstärkt. Ich habe dem polnischen Botschafter vor nun schon über drei Wochen mitteilen lassen, daß, wenn Polen noch weitere ultimative Noten an Danzig schicken würde, wenn es weitere Unterdrückungsmaßnahmen gegen das Deutschtum vornehmen würde oder wenn es versuchen sollte, auf dem Wege zollpolitischer Maßnahmen Danzig wirtschaftlich zu vernichten, dann werde Deutschland nicht mehr untätig zusehen können.“

„Siehst du, was habe ich dir gesagt?“ mein Vater war sichtlich zufrieden.

„Man hat versucht, das Vorgehen gegen die Volksdeutschen damit zu entschuldigen, daß man erklärte, sie hätten Provokationen begangen."

„Ist das nicht unerhört? Wie können die so was behaupten?" fragend sah meine Mutter meinen Vater an, der nur mit den Achseln zuckte.

„Ich weiß nicht, worin die Provokationen der Kinder oder Frauen bestanden haben sollen, die man mißhandelt oder verschließt, oder die Provokationen derer, die man in der tierischsten, sadistischsten Weise gequält und schließlich getötet hat. Eines aber weiß ich: daß es keine Großmacht von Ehre gibt, die auf die Dauer solchen Zuständen ruhig zusehen würde!"

„Bravo! Recht hat er!"

„Ich habe feierlich versichert und wiederhole es, daß wir von den Weststaaten nichts fordern und nie etwas fordern werden. Ich habe versichert, daß die Grenze zwischen Frankreich und Deutschland eine endgültige ist. Ich habe England immer wieder eine Freundschaft und, wenn notwendig, das engste Zusammengehen angeboten. Aber Liebe kann nicht nur von einer Seite geboten werden, sie muß von der anderen ihre Erwiderung finden. Deutschland hat keine Interessen im Westen, unser Westwall ist zugleich für alle Zeiten die Grenze des Reiches. Wir haben auch keinerlei Ziel für die Zukunft, und diese Einstellung des Reiches wird sich nicht mehr ändern."

„Siehst du? Die werden bestimmt nicht für Polen mit uns einen Krieg riskieren. Das kann ich mir nicht vorstellen."

„Ich hoffe, du hast recht, Max. Aber wie gut, daß jetzt etwas unternommen wird."

Hitler überzeugte das Volk. Es glaubte ihm. Zweifel? Vielleicht schon, bei einigen, in Sonderheit bei jenen, die noch die Zeit des Ersten Weltkrieges in böser Erinnerung hatten. Das war schließlich erst zwanzig Jahre her … Aber wie schlimm es wirklich kommen sollte, das konnte sich kaum jemand vorstellen. Oder doch?

Der „Bromberger Blutsonntag". Exkurs

Beklommenheit und Furcht, die wir – noch im Frieden! – angesichts des Zuges geschundener, blutender Menschen empfunden hatten, die in Deutsch-Eylau Schutz und ärztliche Versorgung suchten, wurden schon bald darauf verstärkt und durch schwerwiegende Ereignisse bestätigt. Die Rede ist von der Stadt Bromberg, rund 100 Kilometer von Deutsch-Eylau entfernt. Hier wurde Geschichte geschrieben, die Geschichte eines Massenmordes, der als der erste in der deutsch-polnischen Zeitrechnung gilt und drei Tage nach Ausbruch des Zweiten Weltkrieges einsetzte. Die Geschichte vom „Bromberger Blutsonntag", wie er dann von den Chronisten genannt wurde.

Es geschah an einem Sonntag, am 3. September 1939, und in einem Gebiet, das bis 1919 deutsches Gebiet gewesen war. 85 Prozent Deutsche lebten damals dort und 15 Prozent Polen. Dann kam der „Versailler Vertrag", und das Gebiet wurde Polen zugesprochen. In den Folgejahren reduzierte sich der deutsche Bevölkerungsanteil aufgrund der Repressalien und Benachteiligungen im täglichen Leben auf eine Minderheit. Denn das Leben dieser deutschen Minderheit war in den Jahren 1920 bis zum Kriegsausbruch 1939 nicht auf Rosen gebettet. Der grausame Höhepunkt des Leidens aber stand ihr noch bevor.

In ihrem Augenzeugenbericht berichtet Else Zabel[24] aus dem Dorf Hopfengarten, Kreis Bromberg, was am 3. September 1939 geschah:

> Um sieben Uhr abends bellten die Hunde. Vier Polen, drei waren bewaffnet, kamen auf unseren Hof. Sie lärmten laut und schwenkten ihre Karabiner. Als mein Mann in der Tür erschien, um sie zu fragen, was sie wollten, brüllten sie „Hitlerschwein!".
> Sie schlugen ihn nieder. Dann forderten sie ihn auf, die Waffen herauszugeben. Waffen hatten wir aber nie besessen. Dann stießen sie meinen Mann zur Seite und traten in unsere Wohnung. Sie kamen in die Küche und rissen die Schubladen heraus … Dann rannten sie ins Wohnzimmer und in das Schlafzimmer … sie brachen alles auf und warfen die Gegenstände auf den Fußboden. Die Sachen, die ihnen gefielen, steckten sie in ihre Taschen. Die Betten wurden aufgeschlitzt und aufgerissen. Dann schüttelten sie die Federn aus … Nachdem die Polen nichts Belastendes gefun-

[24] Nachzulesen in dem 1981 von dem Chefredakteur des Bayerischen Rundfunks, Rudolf Mühlfenzl, und anderen herausgegebenen Buch „Geflohen und vertrieben".

> den hatten, schlugen sie wieder auf meinen Mann ein und traten ihn mit Füßen und johlten laut ‚Hitlerschwein'. Dann wollten sie von ihm Geld und seine Taschenuhr … Zuerst weigerte er sich, das Geld und die Uhr herauszugeben. Aber sie schlugen erneut auf ihn ein. Er blutete aus der Nase und dem Mund, hatte Platzwunden am Kopf … Ich sah vom Blumengarten aus die Quälerei mit an. Ich durfte mich aber nicht bemerkbar machen, da mich die Polen wahrscheinlich genauso behandelt und noch vergewaltigt hätten. Das hatten sie mehrfach mit den Töchtern unserer Nachbarn gemacht, die auch Deutsche waren. Mein Mann fiel mehrmals hin, wurde aber mit Fußtritten und Kolbenschlägen wieder hochgetrieben. Unter großem Gejohle und Beschimpfungen wie Hitlerowiec, Schwab, deutsches Schwein trieben sie meinen Mann vom Grundstück … Die Polen schlugen weiter auf ihn ein, traten ihn und stachen mit den Bajonetten zu … Und weiter: Nach dem Einmarsch der deutschen Truppen fand ich meinen Mann tot, erschossen, erschlagen. Ich identifizierte ihn anhand seiner Kleidung. Er war fast bis zur Unkenntlichkeit zerschlagen …

Die Geschehnisse zum „Bromberger Blutsonntag" können glaubhaft nicht bestritten werden. Sie sind durch mehrere tausend Aussagen überlebender Deutscher zuverlässig bezeugt und wurden durch die Ermittlungen der Wehrmacht-Untersuchungsstelle genauso bestätigt wie durch ausländische Pressevertreter und Ärzte.

Die Angaben über die Zahl der Opfer schwanken – um die 5.000 bis 6.000 Deutsche oder gar mehr sollen es gewesen sein, je nach Quelle. Der polnische Mob hatte gnadenlos zugeschlagen. Wohlmeinende Polen hatten ihre deutschen Nachbarn sogar schon gewarnt, sich auf das Schlimmste gefaßt zu machen, denn bereits im Mai 1939 waren Listen aufgestellt worden, und es gingen Gerüchte von einer neuen „Bartholomäusnacht" um.

Jetzt war er eingetreten, der Kriegsfall. Das war schlimm. Und der „Bromberger Blutsonntag", das Massaker an vielen unschuldigen Deutschen, war grausam – und ließ noch mehr Böses ahnen. Das dann auch kam – auf beiden Seiten.

Zunächst aber leistete die deutsche Wehrmacht „professionelle" Arbeit. Die Offensive in Polen lief ab wie im Bilderbuch und war nach nur 18 Tagen erfolgreich beendet – auch dank der schlechten Ausstattung der polnischen Armee. Nichts blieb übrig von der Großmannsart der polnischen Generalität, die schon in wenigen Tagen in Berlin hatte einmarschieren wollen.

Und doch war es nur ein schöner Schein. Gewiß, der Erfolg stimmte, die deutschen Truppen zeigten sich in Bestform, aber schon zwei Tage nach Kriegsbeginn erschienen dunkle Wolken über Berlin. Sie kamen von Westen, dorther, wo Hitler auf ein friedliches Miteinander gehofft hatte. Er hätte es besser wissen müssen. An jenem 3. September 1939, morgens um 9.00 Uhr, während in Bromberg der Mob tobte, erschien der englische Botschafter in der Reichskanzlei und überbrachte ein Ultimatum seiner Regierung: Rückzug aus Polen; Entscheidung innerhalb von zwei Stunden oder England wird Deutschland den Krieg erklären! Hitler war wie gelähmt. Er ließ sich das Ultimatum zweimal von seinem Chefdolmetscher Paul Schmidt vorlesen, der diese Szene in seinen Erinnerungen „Statist auf diplomatischer Bühne 1923–1945“ beschreibt. Nach einer Pause hob er den Kopf und sagte nur: „Was nun?“ Jeder in der Reichskanzlei wußte, daß Deutschland das Ultimatum nicht annehmen konnte, daß es jetzt um Sein oder Nichtsein der Deutschen ging. Dann Görings tiefe Stimme: „Der Himmel sei uns gnädig, wenn wir diesen Krieg verlieren.“ Die Realität war da. Deutschland im Krieg mit England. Und kurz darauf auch mit Frankreich. War das schon der Anfang vom Ende?

Natürlich wollten alle nur den Frieden, nach außen hin allemal. Aber gewisse Merkwürdigkeiten machen schon nachdenklich. Kann ernsthaft bestritten werden, daß der polnische Staatschef Rydz Smigly im Frühjahr 1939 vor Offizieren in Krakau sagte: „Meine Herren, es gibt Krieg, ob die Deutschen wollen oder nicht!“ Und der britische Außenminister stellte nach dem deutschen Einmarsch in Polen fest: „Endlich haben wir Hitler zum Krieg gezwungen, so daß er nicht mehr einen Teil des Versailler Vertrages nach dem anderen außer Kraft setzen kann?“[25]

Und auch eine andere Frage muß erlaubt sein: Warum haben England und Frankreich 1939 nur Deutschland den Krieg erklärt, weil es Polen „überfallen“ hatte? Warum nicht auch Rußland, das doch ebenfalls in Polen einmarschiert war? Einziger Unterschied: Die einen, nämlich die Deutschen, taten es von Westen. Die anderen, die Russen, taten es von Osten. Die Wirkung war die gleiche. Wenn es England und Frankreich also nur um den Schutz Polens gegangen wäre, warum wurde dann nur einer der Aggressoren mit Krieg belegt und der andere nicht? Fragen ohne Antworten. „Immer doch schreibt der Sieger die Geschichte des Besiegten. Dem Erschlagenen entstellt der Schläger die Züge. Aus der Welt geht der Schwächere und zurück bleibt die Lüge.“ Soweit Bertolt Brecht.

… In diesen Septembertagen des Jahres 1939 stand für uns fest, wer siegen würde – wir. Aber dieses Gefühl sollte sich ändern. Es änderte sich mit jedem Jahr, das der Krieg dauerte, mehr. Und jetzt waren wir in Swinemünde. Wir saßen im Zug! In einem endlos langen Lazarettzug, der sich langsam in Bewegung setzte.

---

[25] Vgl. hierzu im Internet zum Beispiel: www.garnisonkirche.de/rundbriefe/Juni2000.shtml

Der Schock von Pasewalk

Die Stimmung im Zug war ruhig, entspannt. Jeder in diesem umgebauten alten D-Zug-Waggon hing eigenen Gedanken nach. Manchmal ein kurzer Ausruf: „Ach, Heringsdorf!" Oder: „Schon Zinnowitz!" Und später: „Dort hinten muß Peenemünde sein!", jener geheimnisvolle Ort, an dem die V1 und die V2 entstanden waren, die ersten „Marschflugkörper" der Welt, die als „Vergeltungswaffen" das Kriegsglück zugunsten Deutschlands noch spät hatten wenden sollen.[26]

Der Zug rollte. Dann blieb er stehen. Dann rollte er langsam und rumpelnd weiter, blieb wieder stehen. So ging es etwas mühsam über die Insel Usedom Richtung Westen. Wohin genau, das wußte niemand.

Nach Bayern, hatte es geheißen, die Verwundeten hier sollen nach Bayern. Bayern war auch für die zivilen Fahrgäste das Synonym für Sicherheit und erste Geborgenheit. Bayern war ein lockendes Ziel. Doch nicht für meine Mutter, nicht für mich. Wir wollten nicht nach Bayern. Wir wollten nach Bremen. In Bremen hatten wir Verwandte. Bremen war auch der in der Familie verabredete Treffpunkt, sollten wir uns in einem – das Undenkbare denkend – möglichen Chaos aller Wege und Verbindungen nicht mehr wiederfinden können.

Das galt ganz besonders für meinen Vater, der ja beim Volkssturm in Heringsdorf zurückgeblieben war. Wie und wo sollte er uns finden, wenn nicht bei Familie Frercks am Osterdeich in Bremen?

Mittlerweile war es dunkel geworden, die Geräusche von Gleisen und Weichen wirkten vertrauter. Beruhigend klang es. Wir fuhren. Gott sei Dank: Wir fuhren. Es war wie eine Befreiung, ein Gefühl, das wohl alle teilten, die mit uns im Abteil saßen. An die zwanzig Personen mochten es sein, eine bunte Gesellschaft, deren Herkunft uns unbekannt, deren Ziel jedoch dasselbe war: Rettung und Sicherheit. Frauen, Kinder, wenige ältere Männer. Eine gutbürgerliche Gesellschaft, hätte man in anderem Zusammenhang gesagt, unaufdringlich, durch Not und Gesinnung miteinander verbunden.

---

[26] In Peenemünde im Norden der Insel Usedom wurde 1936 die Versuchsstelle des Heeres Peenemünde (kurz: „Heeresversuchsanstalt Peenemünde") eingerichtet, die 1938 durch die Erprobungsstelle der deutschen Luftwaffe „Peenemünde-West" ergänzt wurde. In Peenemünde kam es allerdings nur zu Versuchsstarts, da sowohl die Flugbombe V1 (Fieseler Fi 103) als auch die ballistische Rakete V2 (Aggregat 4) zu geringe Reichweite aufwiesen. 1942 konnte mit einer hier gestarteten Rakete erstmals die Grenze zum Weltraum durchbrochen werden.

Die Dankbarkeit, dem schlimmsten Schicksal erst einmal entronnen zu sein, war allenthalben groß. Das prägte auch die Harmonie und Hilfsbereitschaft im Zuge.

Vielleicht ist es immer und überall so bei Krisen im Leben: es finden sich Menschen unterschiedlichster Art, unterschiedlichster Herkunft, unterschiedlichster Zukunft zusammen. Gemeinsame Bedrängnis, Ungewißheit über das, was noch kommen mochte, diffuse Ängste – das ist der Kitt, der solch kleine Gesellschaften zusammenhält, zumindest auf Zeit. Da ist es eher unwichtig, wie sie denn entstehen mögen. Sind es Familienangehörige, sind es Menschen mit guten Beziehungen, Privilegierte aus der Hierarchie von Militär oder Partei? Diese Fragen stellten sich nicht. Denn wir, die zivilen Reisenden in diesem Lazarettzug – und schon deswegen „privilegiert" – fanden ganz unkompliziert zusammen, tauschten unsere Erlebnisse aus und nahmen Anteil an den Sorgen der anderen. Der Eindruck verstärkte sich schnell, daß jemand Regie geführt haben mußte – jemand in der dunkelblauen Uniform des Marineoffiziers, mit den Dienstzeichen eines Flottenarztes, jemand aus Swinemünde, das jetzt immer weiter hinter uns lag. Nicht Familie oder Privilegien hatten wohl den Ausschlag gegeben, sondern Sympathie oder Gefährdungslage.

Chef des Zuges – und damit auch unseres Waggons – war ein Stabsarzt. Seine Hauptaufgabe war es, die vielen Verwundeten zu betreuen und ans Ziel zu bringen. Der Stabsarzt, ich weiß nicht mehr, wie er hieß, erwies sich schnell als unverzichtbar, und das nicht nur für die Verwundeten im Zuge. Er sorgte dafür, daß wir verpflegt wurden. Er organisierte die Unterbringung in den Schlafabteilen, die nicht für alle reichten. Er informierte uns über Frontverlauf und Bombenangriffe auf deutsche Städte, die – möglicherweise – auf unserer Fahrtroute lagen. Denn wir selbst waren ja von allen Informationen abgeschnitten. Kein Radio. Nichts. Aber was wir genossen, war unter den Bedingungen der Flucht schlechthin Luxus. Einen ganzen Waggon hatten wir für uns allein, zur Hälfte Tagesraum, zur Hälfte Schlafkabinen. Wer hätte sich das noch in Swinemünde träumen lassen? Froh waren wir, überhaupt einen Zug bekommen zu haben – und jetzt noch diesen Zug! Es hätte besser nicht sein können …

Langsam näherten wir uns Anklam.

„Was sollen wir machen?" fragte meine Mutter. „Der Zug fährt nach Süden. Wir wollen doch nach Westen!"

Das stimmte. Wenn wir nach Bremen wollten, konnten wir schlecht nach Bayern fahren. Also aussteigen, umsteigen? Und wo? Und vor allem: wie? Jetzt, wo wir das ungeheure Glück hatten, in diesem Zug zu sein, überhaupt in einem Zug zu sitzen?

Unser Reiseweg wurde Diskussionsthema im Waggon.

„Um Gottes willen“, so unsere Mitreisenden, „bleiben Sie doch hier! Hier wissen Sie, was Sie haben – egal, wohin wir fahren.“

Das war auch meine Meinung. Diese Oase der Geborgenheit, ein Unikat in dieser Zeit der Völkerwanderung, diesen Zug verlassen? Ich war erschrokken, bedrückt, verunsichert. Andererseits: Wie wollten wir meinen Vater wiederfinden? Der Stabsarzt schüttelte den Kopf. „Bleiben Sie bei uns!“

Pasewalk sollte der nächste Halt sein. Pasewalk, in komfortabler Entfernung westlich der Oder gelegen, war kein Kriegsgebiet, jedenfalls noch nicht. Wir konnten uns sicher fühlen. Pasewalk war Knotenpunkt zweier Bahnlinien. Von Stettin kommend führte die eine Strecke nach Westen, nach Neubrandenburg über Güstrow nach Schwerin, die andere nach Süden – über Prenzlau und Eberswalde nach Berlin. Auf dieser Strecke waren wir. Pasewalk war unser Entscheidungspunkt. Sozusagen die letzte Chance, in Richtung Westen bzw. Nordwesten zu kommen.

Chance? Wir stellten unsere wenigen Habseligkeiten bereit. Wir frühstückten mit unseren Mitpassagieren, die sämtlich auf eine längere Bahnfahrt eingestellt waren.

„Wollen Sie hier wirklich aussteigen?“ Zweifel, besorgte Fragen, Mitgefühl, Unverständnis. „Bleiben Sie bei uns!“

Doch meine Mutter hatte sich entschieden. Sie wollte aussteigen. Und während unser Lazarettzug jetzt in stetiger Fahrt gen Süden war, als langsam auch die Sonne durchbrach an diesem schicksalhaften Vormittag im März

Eine warme Mahlzeit gab es im Chaos der letzten Kriegsmonate, das auch und gerade die Kinder voll traf, selten genug.

1945, da wuchs meine Beklommenheit mit jedem Stückchen Fahrkilometer. Es war eine düstere Ahnung, die mich erfaßt hatte und nicht mehr losließ.

Schließlich Pasewalk. Langsam rollte der Zug in den Bahnhof ein. Unendlich viele Waggons hatte er, die letzten blieben weit hinten stehen, dort, wo der Bahnsteig längst zu Ende war. Und welch ein Getümmel! Menschen über Menschen, mit Koffern, Kartons, Säcken, mit Kindern auf Rücken und Armen, mit Angst und Erregung im Blick, die Abfahrtstafeln lasen, die längst nicht mehr stimmten. Ein Chaos! Züge kamen an, fuhren ab; behangen mit Menschen, die auf Trittbrettern und Puffern standen und saßen. Es war ein unbeschreibliches Bild zwischen Verzweiflung, Resignation und letztem Aufbäumen.

Wir stiegen tatsächlich aus. Das Trittbrett unseres Waggons lag ziemlich hoch, meine Mutter tat sich schwer in ihrer Schwangerschaft. Unsere Mitreisenden halfen ihr, während ich mich um unser Gepäck bemühte. Schnell war das wenige, was wir hatten, entladen. Und dann standen wir da auf diesem Bahnsteig in Pasewalk, inmitten hastender Menschen, neben uns der inzwischen so heimatlich anmutende Lazarettzug.

„Wir wollen mal fragen, wie wir weiterfahren können“, sagte meine Mutter.

Und wir setzten uns in Bewegung Richtung Fahrdienstleitung. Immerhin, die gab es noch. Uniformierte Bahnbeamte versuchten, so viel Übersicht wie irgend möglich zu bewahren, beruhigten und vertrösteten die Reisenden und wußten doch um die Vergeblichkeit ihres Tuns.

Auch die Vergeblichkeit unseres Tuns wurde mit jeder Minute deutlicher. Wegen der vielen Menschen gab es kaum ein Vorwärtskommen. Dazu die Last unserer Habe, die, wenn auch nicht gerade viel, allein mir überantwortet war. Wie sollten wir weiterkommen? Geschweige denn in einen Zug? Menschen, dicht gedrängt auf den Bahnsteigen, auf den Wegen dorthin – und dann der Sturm auf einfahrende Züge! Kein Fünkchen Hoffnung für uns beide, diesem Gewühl durch einen Platz in irgendeinem Zug entrinnen zu können.

„Das wird nichts!“

Ich setzte unser Gepäck ab. Ich hatte mich entschlossen: Nicht einen Schritt weiter! Halt, umkehren! Zurück zu unserem Lazarettzug, der – oh Wunder! – immer noch an seinem Bahnsteig stand. Nichts wie zurück! Auch meine Mutter sah es plötzlich so. Sie bereute ihre Entscheidung und war bemüht, mit mir so schnell es eben ging zu unserem Zug zurückzukehren. Er schien unendlich weit entfernt. Doch Meter um Meter kämpften wir uns an ihn heran, kamen näher – und schließlich standen wir davor! Noch ein paar Meter, und noch ein paar, und wir hatten sogar unseren Waggon erreicht.

Dort herrschte große Aufregung. Die Fenster herunter, die Waggontür schon geöffnet. Helfende Hände streckten sich uns entgegen: „Mein Gott, was sind wir froh! Gut, daß Sie wieder da sind!“

Ich hob den Koffer nach oben. Ich schob ein oder zwei Taschen nach, hinein in den Vorflur des Waggons. Meine Mutter stand schon auf dem Trittbrett, mußte nur noch den nächsten Schritt bis ganz nach oben in den Wagen hinein machen, da ... da setzte sich der Zug langsam, ganz langsam in Bewegung. Er fuhr noch nicht, er rollte erst, aber es genügte. Meine Mutter, schreckerfüllt und jetzt im neunten Monat schwanger, erstarrte plötzlich. Statt schnell und endgültig einzusteigen – die Menschen im Zug zogen sie noch, ich versuchte, von unten zu schieben –, schrie sie auf, zuckte zurück und gelangte irgendwie auf festen Boden, wieder auf den Bahnsteig. Welch ein Unglück! Da standen wir nun, verzweifelt und hilflos, und sahen zu, wie der Zug – unser Zug! – langsam an uns vorbeirollte. Die Menschen drinnen schrieen. Ich selbst war stumm vor Entsetzen. Was jetzt geschehen würde, das konnte ich mir leicht ausmalen. In Pasewalk würden wir sitzen bis zum Sankt-Nimmerleins-Tag oder bis die Russen kämen oder bis wir verhungert oder verfroren oder was auch immer wären. Das war das Aus ...

Aber da war die Wirklichkeit. Der rollende Zug. Und unser Gepäck! Die Taschen hatte ich „gerettet", aber der Koffer, unser letzter Koffer? Ich lief neben dem Zug her und schrie: „Der Koffer, der Koffer!"

Endlich wurde ich verstanden. Die Waggontür öffnete sich, und der Koffer wurde – waren es 100 Meter weiter oder mehr? – auf den Bahnsteig geworfen. Der Zug hatte inzwischen an Fahrt gewonnen. Bald entschwand er unseren Blicken. Einsam standen wir in der Menge der Menschen. Verlassen, hoffnungslos. Was sollte jetzt werden?

Ich kümmerte mich um den Koffer, der aufgeplatzt war. Ich räumte notdürftig alles ein, und jemand gab mir sogar einen dicken Bindfaden. Meine Mutter achtete auf den Rest des Gepäcks. Dann rafften wir uns auf. Stehenbleiben war sowieso sinnlos. Also brachen wir in Richtung Bahnhofsgebäude und Wartesaal auf. Erst einmal ausruhen, abwarten, nachdenken ...

Natürlich war der Wartesaal rappelvoll. Es roch nach Bouillon, Schweiß und Kaffee, sprich: nach Mensch. Kein Plätzchen frei. Aber meine Mutter, weil hochschwanger, bekam schließlich doch eins, und auch ich fand Platz auf dem Rand ihres Stuhls. Viel Geschäftigkeit war um uns, viel Hilfe. NS-Frauenschaft, das Rote Kreuz – Kaffee, Tee, eine warme Suppe. Es war, bei allem Elend, schon faszinierend, wie die „Volksgemeinschaft" – so hieß es ja in der NS-Zeit – auch in der Not funktionierte. Die Frauen halfen, trösteten, wo sie nur konnten. Aber natürlich konnten sie uns nicht geben, was wir am meisten brauchten – einen neuen Zug.

Was sollte jetzt aus uns werden? Weiterkommen per Bahn: keine Chance. Per Auto: woher nehmen? Andere Verkehrsmittel, Pferdewagen zum Beispiel: keine realistische Möglichkeit. Also: In Pasewalk bleiben? Wo zum Beispiel? Und was dann? Vielleicht auf die Russen warten?

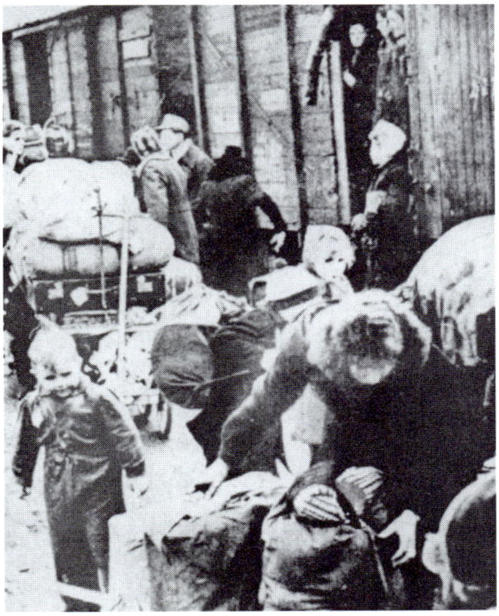

Oft schien es beinahe hoffnungslos, einen Platz im Zug zu bekommen. Kamen nur die Starken durch?

Bis hierhin waren wir nun gekommen. Wir hatten gefroren und uns durch Schneewehen gekämpft. Wir hatten uns nicht richtig waschen können und oft stundenlang nach Toiletten gesucht. Wir hatten gehungert und den Hunger kaum noch bemerkt. Wir hatten uns im kämpferischen Gewühl angsterfüllter Menschen behauptet und bei allem Überlebenskampf unsere Würde bewahrt. Schienen Situationen auch noch so aussichtslos – nie hatten wir die Hoffnung auf Rettung verloren. Aber jetzt, kaum fünfhundert Kilometer und doch so unerreichbar weit von der Heimat entfernt, in die wir vielleicht nie wieder zurückkommen würden? Was jetzt?

Im Wartesaal konnten wir nicht bleiben. Wir hatten uns ein wenig stärken können, körperlich und seelisch. Wir waren voller Unruhe und zugleich stumm. Selbstvorwürfe konnten wir uns ersparen. Über unsere Aussichten machten wir uns keine Illusionen. Fatalismus hatte uns angesichts des so offenkundig Unabänderlichen ergriffen. Wir bedankten uns für die herzliche Gastfreundschaft und suchten uns ein Plätzchen auf dem ersten Bahnsteig gleich vor dem Wartesaal – ein Plätzchen unter Hunderten von Frauen, Kindern, alten Männern und auch Soldaten, die an die Front oder sonst wohin wollten. Da standen wir nun, an diesem Märznachmittag des Jahres 1945, mitten auf der Flucht von Ost nach West. Wir standen auf dem überfüllten Bahnsteig einer fremden Stadt und warteten – ja, worauf warteten wir eigentlich?

Man mag es Schicksal nennen. Oder Fügung. Oder Gottes Willen. Gnade oder ganz einfach Glück. Es war einer jener Momente im Leben, die uns Demut und tiefste Dankbarkeit lehren, weit über die zuckende Sekunde des Augenblicks hinaus: Ein Zug lief ein. Ein Lazarettzug! Genau vor uns, auf unserem Bahnsteig, kam er mit einigem Quietschen zum Halten und stand schließlich in seiner ganzen majestätischen Gelassenheit da. In all dem Gewühl, der Aufgeregtheit und Verzweiflung stand er ganz ruhig da, mit seinen großen roten Kreuzen auf weißem Grund und forderte stumm Respekt. Der Zug, so konnte man sehen, war voll belegt und offenkundig auf dem Weg nach Süden. Ein Lazarettzug!

Wir starrten ihn an. Wir konnten es nicht fassen. Wir waren wie gelähmt. Meine Mutter, die – und das besonders in schwierigen Situationen – impulsiv und entschlossen und auch richtig handeln konnte, machte plötzlich das Schockerlebnis vom Vormittag vergessen. Alle Resignation fiel von ihr ab. Sie bahnte sich einen Weg direkt auf den Offizier zu, der eben den Zug verlassen hatte und sich auf dem Bahnsteig die Füße vertreten wollte.

„Mein Gott, Sie schickt der Himmel!"

Der Offizier, ein Stabsarzt, stutzte. Aber er hörte zu, was meine Mutter zu erzählen hatte – und das war die Geschichte dieses Tages. Vielleicht war es auch noch ein Stückchen der Vorgeschichte oder was auch immer. Jedenfalls reagierte er ohne langes Zögern: „Tja, wohin wir fahren, das weiß ich auch nicht so genau. Und voll besetzt sind wir auch. Aber warten Sie mal hier, ich komme gleich wieder!"

Weg war er. Wieder stieg Furcht in uns hoch. Das Gefühl des Ausgeliefertseins. Kommt er zurück? Wie lange wird der Zug überhaupt stehenbleiben?

Der Zug blieb, der Stabsarzt kam zurück. Es war der „Chef" des Zuges, der gleich einen Sanitäter mitgebracht hatte. Der griff sich unseren Koffer, ich den Rest der Habe – und los ging's, den Zug entlang, Waggon um Waggon. Einen ähnlichen Weg hatten wir ja schon einmal genommen, auch am Zug entlang – und dann das schreckliche Ende. Daran mußte ich denken, bis wir – endlich, endlich – vor einer geöffneten Waggontür standen, meine Mutter glücklich eingestiegen und auch ich mit dem Gepäck untergebracht war. Geschafft!

Ein neuer Zug, das alte Bild. Wieder ein D-Zug-Wagen, wieder Schlafen und Wohnen halbe-halbe, wieder Menschen mit uns, um uns. Sie nahmen uns verwundert, aber freundlich auf. Rückten zusammen. Fragten nach unserem Woher und Wohin. Und schlugen die Hände zusammen, als sie von unserem Abenteuer in Pasewalk hörten. Ja, jetzt, rückwirkend, wurde zum Abenteuer, was noch vor weniger als einer Stunde pure Lebensangst gewesen war. So schnell können sich Schicksale wandeln. Langsam erholten wir uns, ganz langsam nur. Denn der Schock von Pasewalk lastete schwer auf unserer Seele, und auch der Körper war nur allmählich wieder in die Pflicht zu nehmen.

Der Zug hatte Pasewalk inzwischen verlassen, fuhr geruhsam Richtung Süden einem unbekannten Ziel entgegen, und wir saßen da, redeten entspannt und freuten uns auf das Abendessen, das irgend jemand angekündigt hatte. Es war eigentlich wie in unserem „alten" Zug, eine scheinbar ganz normale Reise in einem deutschen Lazarettzug in Zeiten der Wirren und Ängste, während der Krieg sich noch einmal aufbäumte und auf die letzte große Schlacht, die Schlacht um Berlin, vorbereitete. Der Zug fuhr durch die Nacht. Manchmal gab es einen Stopp auf offener Strecke. Bomber sind unterwegs, hieß es dann, feindliche Bomberverbände im Anflug auf Berlin. Und wir warteten. Wenn der Zug sich dann wieder in Bewegung setzte, war das wie Entwarnung ohne Luftschutzsirene. Aber dann hielt er wieder. Es dauerte lange, bis diese Nacht vorbei war – und der Schock auch.

Die Bomber kamen um halb zehn

Und während sich unser Lazarettzug seinen Weg durch Brandenburg suchte, in dem Bemühen, die Reichshauptstadt nördlich zu umfahren, bahnte sich neues Unheil an – dort, wo wir vor noch nicht einmal zwei Tagen so hoffnungsvoll aufgebrochen waren.

12. März 1945. Swinemünde lag noch in tiefem Schlaf, als sie längst von ihren Basen im Süden Englands gestartet waren, mit Kurs auf Deutschland, genauer: auf Swinemünde. Vollgetankt bis zum Rand, beladen mit gewaltigen 5-Zentner-Bomben, hatten sie sich auf den weiten Weg gemacht. 2.250 Kilometer und neun Stunden Flug lagen schon hinter ihnen, als vor 10.00 Uhr vormittags die ersten „Fliegenden Festungen" und „Liberator"-Bomber über Swinemünde erschienen.

Ein Augenzeuge berichtete folgendes:

> Die Flak schießt wie verrückt. Es kracht und splittert überall. Die Bomben heulen, Flugzeuge schwirren, Detonationen lassen den Boden und die Luft erzittern, dazwi-

Löschten wesentliche Teile von Swinemünde am 12. März 1945 innerhalb einer knappen Stunde aus: US-amerikanische „Fliegende Festungen" und (im Bild) B-24-Liberator-Bomber

> schen das Gehämmer der Flak und der Bordwaffen. Überall Staub und Qualm, Rauchwolken über der Stadt. Auf dem Platz, wo unsere Wagen standen, Trichter an Trichter. Dazwischen die Toten, auch viele tote Pferde, Wagentrümmer, zerfetzte Sachen …[27]

Swinemünde wurde binnen einer knappen Stunde zu einem rauchenden Trümmerhaufen. Ölpier, Marinearsenal und Hafenanlagen waren vollständig zerstört. Die Altstadt ein Raub der Flammen. Die Zahl der Toten konnte niemals exakt ermittelt werden, da die Zahl der Flüchtlinge, die sich zu diesem in und um Swinemünde aufhielten, bis heute unbekannt ist. Schätzungen sprechen von bis zu 23.000 Menschen, die den Angriff nicht überlebten.

Der Flottenarzt, unser Retter noch vor wenigen Tagen, auch sein Schicksal und das der ihm anvertrauten Verwundeten, alles ist ungewiß …

Die über 650 Bomber der Royal Air Force und der US-Luftwaffe hatten ganze Arbeit geleistet.[28] 3.500 5-Zentner-Bomben waren, US-Berichten zufolge, über Swinemünde niedergegangen – geworfen durch eine ziemlich geschlossene Wolkendecke, die durch den Qualm der brennenden Öltanks und anderer Magazine noch dichter wurde. Es war im übrigen das erste Mal, daß die US-Luftwaffe den verbündeten Sowjets so unmittelbar half. Denn diese standen nur noch 25 Kilometer vor Swinemünde und waren dankbar für alles, was die deutsche Verteidigung schwächte. Und Swinemünde, wichtiger Hafen und vor allem Kriegshafen nördlich von Stettin, hatte immer als starker Pfeiler in der deutschen Abwehrfront gegolten. Jetzt hing dicker Rauch über Swinemünde, gelber und grüner Rauch, wie ihn die Bomberbesatzungen nach eigenem Bekunden nie zuvor gesehen hatten. Mit dem starken Pfeiler war es jetzt vorbei. „Irgendwann", so der Augenzeuge, „ließ das Bombardement nach. Die Sirenen gingen nicht mehr. Man hörte rufende, schreiende Menschen. Es war dunkel vom Rauch der brennenden Stadt …"

Wenig später war dann mein Vater in diesem Trümmerhaufen. Aus der Nachbarschaft Swinemündes, aus Heringsdorf kommend, war seine Volkssturmkompanie zu Bergungs- und Aufräumarbeiten kommandiert worden. Die Bilder, die sich den Männern boten, müssen grauenhaft gewesen sein.

---

27 Zitiert von Helmut Lindenblatt in seinem Buch „Pommern 1945", Würzburg 2003.

28 Über Swinemünde wurden zumeist Spreng- und Splitterbomben abgeworfen. Insbesondere im Bahnhofsbereich waren viele Tote zu beklagen, da sich hier Lazarett- und Flüchtlingszüge stauten. Aber auch viele derjenigen Flüchtlinge, die sich im Kurpark aufhielten, kamen ums Leben. Die vielen Opfer wurden auf dem Golm, gelegen im östlichen Teil der Insel Usedom, in Massengräbern bestattet. Nur bei einem Bruchteil der Umgekommenen konnte die Identität festgestellt werden. Bei diesem Angriff ging im übrigen auch eine Reihe von Schiffen durch Tiefflieger verloren, die für Flüchtlingstransporte aus dem Samland-Kessel bzw. Ostpreußen eingesetzt worden waren.

Einer von vielen Flüchtlingstrecks um die Jahreswende 1944/45, der den russischen Panzern zu entkommen versuchte.

Mein Vater hat sie sein Leben lang nicht mehr vergessen. Und noch schlimmer als Swinemünde selbst war eine andere Erinnerung für ihn: die an den kilometerlangen Flüchtlingstreck östlich von Wollin.

Wollin und Usedom sind zwei Inseln, die das Stettiner Haff im Norden begrenzen. Usedom westlich, Wollin östlich. Swinemünde liegt mitten drin auf beiden Inseln. Wer von Osten kommend nach Swinemünde will, muß vom Festland zunächst den Fluß Dievenow überqueren und ist dann auf der Insel Wollin; eine Zugbrücke schuf 1945 diese Verbindung. Es konnte passieren, daß sie – je nach Schiffsverkehr – immer wieder hochgezogen werden mußte und sich auf der Straße von Osten her deshalb größere Staus bildeten.

An jenem 12. März 1945 nun wartete, wie schon in den Wochen zuvor, ein viele Kilometer langer Flüchtlingstreck auf die Überquerung. Pferdewagen, Haustiere, erschöpfte Menschen, dazwischen versprengte Soldaten – sie alle wollten das vermeintlich rettende Swinemünde erreichen. Bis die Bomber kamen. Die hatten sich nicht mit der Zerstörung der Hafeneinrichtungen, der Stadt, der Vorratslager begnügen wollen – nein, sie nahmen, bei deutlich besserer Sicht im Osten, schließlich auch den Treck ins Visier. Die Maschinen flogen entlang des Straßenverlaufs und luden nicht nur gnadenlos ihre restlichen Bomben ab, sondern verstärkten das Massaker noch durch den Einsatz der Bordwaffen. Tiere rissen sich los, Menschen versuchten voller Entsetzen, sich nach links und rechts ins freie Feld zu retten – viele ereilte auch dort der Tod.

„Wir mußten die Leichen bergen, Fahrzeuge wegräumen, die Straße frei machen", erzählte mein Vater, „ein Bild des Grauens. Es gab eine geschlossene Schneedecke. Wir brauchten nur nach roten Flecken im Schnee zu suchen, auch weit abseits der Straße, und wir hatten die Verletzten oder Toten gefunden."

Krieg? Verbrechen gegen die Menschlichkeit? Hatten die Piloten nicht sehen können, daß es sich um Zivilpersonen, um Flüchtlinge, handelte? Im übrigen ist in der einschlägigen Literatur nichts über diesen Angriff auf den Flüchtlingstreck zu lesen. Es heißt sogar, daß die Flugzeugbesatzungen Befehl hatten, von Tieffliegereinsätzen abzusehen. Die Wirklichkeit sah anders aus.

Saalfeld

Unser Lazarettzug hatte Berlin umfahren und war weiter Richtung Süden unterwegs. Manchmal zogen in großer Höhe Bombergeschwader über uns hinweg. Immer wieder gab es Stopps. Warten. Ungewißheit. Reise durch Deutschland im März 1945.

Die Hoffnung, bald einen friedlichen Ort in Bayern zu erreichen, egal welchen, diese Hoffnung blieb das beherrschende Gefühl wohl aller Passagiere, der Verwundeten wie der Flüchtlinge. Und dann? Was, wenn Bayern erreicht war? Ja, was sollte dann werden? Russen würden bis dahin wohl nicht kommen, das schien klar. Also bestanden keine Mordgefahr und kein Verfolgungsrisiko. Bomben? Aber waren nicht ein warmes Zimmer, war nicht etwas zu Essen, vielleicht sogar Kenntnis über das Schicksal naher Angehöriger – waren das allein nicht Höhepunkte, die zu erträumen schon glücklich machten? Es waren ganz kleine Träume. Große Erwartungen gab es ohnehin nicht. Schließlich war Krieg, und sein Ende völlig ungewiß. Wirklich ungewiß?

Wir wollten uns nicht eingestehen, daß dieser Krieg verloren war. Jedenfalls nicht mit dem Kopf. Der Bauch mochte ganz anders empfinden. Niemand sprach darüber. Aber auch von dem erhofften „Endsieg" sprach niemand. Die Zukunft – das schien etwas zu sein, das in unseren Gedanken damals gar nicht stattfand. Zukunft reduzierte sich auf den nächsten Morgen. Aufs Ankommen. Und Frieden? Wir wagten nicht, so weit zu denken. Frieden war, nach fünf Jahren Krieg, eine unvorstellbare Vision. Einfach nicht real …

„Heute nacht kommen wir nach Saalfeld, nach Saalfeld in Thüringen." Es war die Stimme des Stabsarztes, die die Stille im Waggon unterbrach. „Wir werden dort halten. Wie lange, weiß ich nicht." Er ließ sich bei uns nieder. Auf unsere Fragen, wo wir denn endgültig anhalten würden, erwiderte er nur: „Nein, leider, den Zielbahnhof kenne ich auch noch nicht. Auf jeden Fall soll der Zug weiterfahren, über Saalfeld hinaus, weiter nach Bayern …"

Wir überlegten. Saalfeld, Thüringen? Das war doch schon der Süden, das war Sicherheit, jedenfalls in den Kategorien, in denen wir dachten. Saalfeld. Warum sollten wir nicht in Saalfeld bleiben? Von dort aus war es schließlich weniger weit nach Bremen als von Bayern aus. Und in Bremen wollten wir uns schließlich mit meinem Vater treffen. Aber da war auch die Erinnerung an Pasewalk, an das Drama, das wir gerade überstanden hatten. Die Meinung unserer Mitpassagiere war so zwiespältig wie die unsrige. Einige zeigten Verständnis, andere rieten ab: „Hier wissen Sie doch, was Sie haben."

Vor uns wieder das Bild von Pasewalk. Schließlich die Entscheidung: Saalfeld. Meine Mutter und ich waren uns einig: Das wäre so richtig oder falsch und genauso fremd für uns wie „Bayern". Jedenfalls sicher, noch sicher, schien Saalfeld zu sein. Auch der Krieg war weit weg …

Gegen Mitternacht kamen wir dann tatsächlich in Saalfeld an. Alles dunkel, bis auf wenige abgedunkelte Notbeleuchtungen, und ziemlich kalt. Und einsam. Denn außer uns gab es niemanden auf dem Bahnsteig, alle anderen blieben im Zug, winkten und gaben uns letzte Ratschläge und viele gute Wünsche. Bald würde der Zug, der einzige Zug hier, verschwunden sein, und dann würde es nur noch uns beide geben, die Dunkelheit und die Einsamkeit. Wohin? Wir suchten den Ausgang. Ich mit unseren letzten Habseligkeiten, meine Mutter sehr vorsichtig – so bewegten wir uns durch die fast menschenleere nächtliche Bahnhofshalle von Saalfeld. Wohin? War es vermessen, nach einem Hotel zu fragen?

Draußen stand ein Taxi. Ein Taxi! Damit hatten wir nicht gerechnet. Mitten im Kriege und mitten in der Nacht – ein Taxi. Eine Frau saß darin. Sie hatte Spätdienst. Eine freundliche junge Frau: „Sie wollen ein Hotel? Das wird schwer. Hier ist alles besetzt. Wissen Sie, wir sind Lazarettstadt, viele Hotels sind jetzt Lazarette."

Aber versuchen mußten wir es. Also fuhren wir los.

„Eigentlich gibt es nur eine Möglichkeit", so die junge Frau, „den Roten Hirsch. Das ist mehr oder weniger das einzige freie Hotel, aber es ist auch das beste."

Der „Rote Hirsch" lag direkt am Marktplatz, groß und dunkel und sehr wahrscheinlich belegt. Im Empfang dicke rote Läufer, Holztäfelungen, gemütliche Sessel. Stille. Und der Nachtportier. „Ein Zimmer? Oh, leider, wir sind voll besetzt."

Also doch. Wo sollten wir jetzt bloß hin?

Die Taxifahrerin wartete, Mitleid und Zweifel im Blick. Der Portier, ein schon älterer Mann, den wohl der Krieg noch einmal in diese Position gebracht hatte, sah uns teilnahmsvoll über seine etwas altmodische Brille hinweg an. Erst meine Mutter, dann mich mit dem Gepäck, und dachte nach. Dann: „Na ja, machen Sie sich mal keine Sorgen. Ich werde schon etwas für Sie finden! Warten Sie einen Moment."

Erleichterung bei der Taxifahrerin, stille Freude bei uns. Hier bleiben können, in der Wärme, der Gemütlichkeit, der Geborgenheit dieses Hauses. Wäre das ein Glück! Schon griff der alte Portier nach einem Koffer, zeigte auf den Aufzug, und es ging nach oben. In eine Kammer, in der alles Mögliche stand, nur kein Bett. Aber auch das änderte sich schnell. Klappbetten, Decken – unser Nachtlager war fertig. Wie herrlich entspannt haben wir doch in dieser Nacht geschlafen!

Am nächsten Tag zogen wir dann in ein richtiges Doppelzimmer um. Es kam uns, nach all den Ängsten und Strapazen der Flucht, wie das Himmelreich vor. Und so war das ganze Hotel, das Restaurant, der Empfang, der Service, die ganze Atmosphäre. Der „Rote Hirsch“ war in der Tat das erste Haus am Platze. Er gehörte der Schokoladenfabrik Mauxion, die dort ordentlich investiert hatte. Offiziere auf der Durchreise, Diplomaten, eine ganze Delegation des französischen Vichy-Außenministeriums auf der Flucht aus Richtung Westen und viele andere interessante Gäste wohnten dort. Zu den Mahlzeiten, wenn sich alle im Restaurant begegneten, wehte jenseits all der vordergründigen Geschäftigkeit ein Hauch von Melancholie, von Endzeitstimmung durch die gepflegten Räume. Auch das war ein neues Erlebnis für mich.

Natürlich war ich zu jung, um alles zu erfassen und zu bewerten. Dennoch saugte ich die Atmosphäre in mich auf, in dem Gefühl, das kommt nie wieder. Aber jetzt ist es wahr, jetzt bist du hier und beinahe sorgenfrei. So mußte es wohl auch meiner Mutter gegangen sein, die immer für neue Kontakte und den Austausch von Beobachtungen und Erlebnissen offen war. Diese Kontakte kamen automatisch. Denn selten saßen wir allein am Tisch, immer wieder erlebten wir andere Menschen, hörten von anderen Schicksalen. Und so manch einer versorgte uns, die wir uns im Hotel allein ernähren mußten, mit zusätzlichen Lebensmittelmarken, so daß wir immer genug zu essen hatten.

Eines Tages speisten wir mit einer Dame, von der sich herausstellte, daß sie die Gattin des Generaldirektors der Deutschen Puddingwerke war, mit Frau Fahle. Auch sie hatte Lebensmittelmarken für uns. Aber viel wichtiger noch, sie stellte, an mich gerichtet, eine ganz einfache Frage: „In welche Schule gehst du hier?“

„In gar keine.“

Und tatsächlich, seit dem Beginn unserer Flucht im Januar hatte ich Schulen bestenfalls als flüchtige Notunterkunft von innen gesehen. Jetzt war es März und wir auf der Flucht, da gab es keine Schule. Mir war das nur recht, meiner Mutter sehr viel weniger. Und nach kurzem Meinungsaustausch waren sich beide Damen einig: Der Junge muß wieder in die Schule!

„Und ich weiß auch schon, in welche“, versicherte Frau Fahle und sah mich aufmunternd an. „Du könntest, wenn wir Glück haben, nach Wickersdorf.“

Wickersdorf, so erfuhren wir, war ein äußerst angesehenes Internat, nur zwölf Kilometer von Saalfeld entfernt, einsam im Thüringer Wald gelegen. Bis 1939 war es eine private Internatsschule in holländischem Besitz gewesen, die bei Kriegsausbruch vom deutschen Staat übernommen worden war. Wickersdorf war, so erzählte sie, eine Eliteschule, sehr streng, mit einer zusätzlichen praktischen Ausbildung in Schreinerei, Schlosserei usw. Die Aufnahme dort hing von Leistung, aber auch von gewichtigen Referenzen ab.

Die Schule sei, gerade in dieser unruhigen Zeit, genau das richtige für mich. Aber wie dort hinkommen? Und mit welchen Referenzen? Wir kannten keine Minister, Wehrwirtschaftsführer oder andere „Großkopferten". Also doch nichts mit Wickersdorf, der Deutschen Heimschule, wie sie offiziell hieß?

Doch wieder wußte Frau Fahle Rat: „Morgen kommt mein Schwiegersohn. Der war auch in Wickersdorf. Jetzt ist er beim Auswärtigen Amt. Er kann dir bestimmt helfen. Ich rede mit ihm."

Ja, und das tat sie dann. Dr. Brandt, der Schwiegersohn, telefonierte noch vom Hotel aus mit dem Direktor, einem Herrn Dr. Meyer.

„Also, Dr. Meyer will dich kennenlernen. Ich hoffe, es klappt mit euch."

Dann war er wieder weg und Frau Fahle auch.

Und wie es der Zufall manchmal will – zwei Tage später trafen wir wieder auf eine Dame, die auf der Durchreise war. Und während jeder seine Lebensmittelmarken zusammensuchte, erzählte sie, wie bequem und großzügig es in dieser Beziehung doch in ihrem neuen Wohnort zuginge. Ein kleines Dorf sei es, mitten im Thüringer Wald gelegen, einfach idyllisch. Dahin wollte sie gerade. Ihre Kinder lebten dort, in einem Kinderheim. Es sei wie in einer anderen Welt. Wie im Frieden. Spontan und völlig unerwartet fügte sie hinzu: „Kommen Sie doch auch dorthin. Wir werden schon ein Plätzchen für Sie finden."

„Wie heißt das Dorf denn, von dem Sie so schwärmen?"

„Wickersdorf. Es gibt dort nur eine Schule, ein Gasthaus, und ein paar Holzfäller-Häuser – und eben das Kinderheim. Das ist alles."

Wir schwiegen überrascht. Wickersdorf. Da war doch die Schule, die Heimschule, die ich besuchen sollte! Aber wie hätte ich das tun sollen? Meine Mutter in Saalfeld allein lassen? Wie sollte das gehen? Wickersdorf, die Insel des Friedens im Thüringer Wald. Eine Verlockung.

„Also, überlegen Sie sich das", sagte die Dame, die sich mit Spiewok vorstellte. Frau Spiewok aus Berlin, mit ihren Kindern nach Wickersdorf evakuiert, Ehefrau eines höheren SS-Offiziers, wie sich später herausstellen sollte. Kameradschaftlich, hilfsbereit. „Wenn Sie nach Wickersdorf kommen, fragen Sie nach mir."

Wir wohnten etwa drei Wochen im „Roten Hirsch" – so lange, bis die Stunde der Entbindung kam. Eines Nachts, am 29. März 1945, war es so weit – die Wehen setzten ein. Was tut man als 14jähriger in einer solchen Situation Gescheites? Ich alarmierte den Nachtportier, der das Rote Kreuz anrief. Ein Krankenwagen kam, und wir fuhren, meine Mutter und ich, in das Gertrudisheim in Saalfeld.

Es war ein katholisches Entbindungsheim mit strengen Schwestern und einer ebensolchen Ordnung. Man erwartete uns bereits – jedenfalls meine

Mutter. Ich wurde mit mütterlichen Worten wieder ins Hotel geschickt: „Warte dort. Es wird schon gut."

Und es wurde „gut". Am nächsten Morgen konnte ich ein neues, schreiendes, gesundes Familienmitglied in Augenschein nehmen – meinen Bruder, dem wir den Namen Gerd Ulrich gaben. Zugegeben, ein bißchen enttäuscht war ich schon, denn ein Ausbund an Schönheit war er nicht. Das Gesichtchen ziemlich rot, der Haarwuchs spärlich – eben keine Schönheit. Aber meine Mutter, die noch recht schwach war, tröstete mich. Das gibt sich, meinte sie. Glücklicherweise sollte sie recht behalten.

Nun hatte ich also einen Bruder. Das war ein schönes Gefühl. Aber ich spürte auch so etwas wie Verantwortung. Denn was sollte aus uns werden? Mit dem Baby im Hotel – ging das überhaupt? Aber wohin sonst, wo doch alles überfüllt war?

Die Frau des Stadtbaumeisters von Saalfeld beantwortete diese Frage. Frau Schulz hatte – woher und wie auch immer – gehört, daß wir in der Stadt waren. Mein Vater war auch Stadtbaumeister, Stadtbaumeister in Deutsch-Eylau, ein Kollege also. Da mußte man sich doch helfen! Und so lud sie uns und Baby Gerd in ihr Haus ein, wir sollten dort wohnen, so lange wir wollten, bis unsere Lebensumstände sich klären würden. Das war ein Angebot, das wir mit großem Dank und viel Erleichterung annahmen; ein Angebot, wie man es vielleicht nur in Notzeiten wie dieser erlebt, wenn die Menschen enger als sonst zusammenrücken.

So hieß es denn, vom „Roten Hirsch" und den Menschen, die uns so geholfen und zu denen wir Vertrauen gefaßt hatten, Abschied zu nehmen. Es war ein herzlicher Abschied. Doch plötzlich fuhr uns der Schreck in die Beine. Schüsse und ein ohrenbetäubender Lärm, der gleich wieder vorbei war. Knapp über das Dach des Hotels und der anderen Häuser rund um den Marktplatz waren Flugzeuge gedonnert, erst zwei mit weißen Sternen, dann, mit nur wenigen hundert Metern Abstand, eines mit dem Balkenkreuz am Rumpf. Jagdflugzeuge im Luftkampf. Wie ein Sekundenspuk waren sie über dem Marktplatz von Saalfeld erschienen, auf dem sich Fahrzeuge aller Art und viele Menschen drängten. Ein Schreck! Es war unsere erste Begegnung mit US-Jagdbombern, und es sollte nicht die letzte bleiben. Die Schlußphase des Krieges hatte für uns begonnen.

Die Ruhe im Hause des Stadtbaumeisters konnten wir nur wenige Tage genießen. Jeder hatte ein Bett, genug zu essen, um uns eine gastfreundliche Atmosphäre. Mein Brüderchen wurde gebadet, gewickelt, gefüttert – so, als wäre alles ganz normal. Aber das war eine Illusion – für wenige Tage nur. Denn es sollte ganz anders kommen – urplötzlich und unerwartet.

9. April 1945, ein ruhiger, sonniger Vormittag. In Saalfeld geschäftiges Treiben, Menschen eilten hin und her, viele Verwundete aus den Lazaretten

auf Bummel durch die Straßen, lange Fahrzeugkolonnen auf der Durchfahrt. Und dazu ein lebhafter Zugverkehr am Bahnhof. Es sah nach einem schönen, wärmenden, friedlichen Frühlingstag aus. Plötzlich die Sirenen: Fliegeralarm. Was soll denn das? Hier Fliegeralarm? Und ausgerechnet jetzt, wo alles doch so friedlich ist und voller Sonne? Dann waren sie da, die Bomber. Sie bombten – mit wenigen Unterbrechungen – von 9.00 Uhr morgens bis in den Abend hinein. Ich hatte gerade Brot und Milch holen sollen, als der Angriff begann. Ich rannte, so schnell ich konnte: Straße links, Ecke rechts zu unserem Hause, wo meine Mutter angstvoll auf mich wartete, um zusammen mit den anderen Bewohnern in den Keller zu hasten. Der bebte durch die Einschläge der Bomben. Es schien, als ob der Boden sich hob und senkte. Putz bröckelte von den Wänden, die Luft war voll Staub und herabfallendem Mörtel. Schnell deckten wir ein leichtes Tuch über das Körbchen, in dem mein Bruder schrie, es fing Staub und Putzkörner ab. Wir anderen saßen voller Todesangst in diesem Keller und warteten auf das Ende. Lange konnte es ja so nicht weitergehen, die Einschläge lagen mal näher, mal etwas weiter und kamen doch immer wieder zu uns zurück. Jede Sekunde konnte Schluß sein. Mit uns. Unserem Leben. In der Stadt waren Feuer ausgebrochen. Qualmwolken verdunkelten die Sicht. Und dazwischen das Heulen der Flugmotoren und der Bomben. Und kein Ende. So ging es Stunde um Stunde. Was würde noch übrigbleiben von dieser so gemütlichen kleinen Stadt an der Saale, ihren gepflegten Bürgerhäusern und Hotels und Lazaretten?

Später dann gab es auch Zahlen. 52 Anflugwellen viermotoriger amerikanischer Bomber, 1.300 Bomben, wohl mit dem Hauptziel Bahnhof. Und alles das zehn angstvolle Stunden lang auf eine Stadt mit 28.000 Einwohnern, dazu einer unbekannten Zahl von Verwundeten und Flüchtlingen.

Ähnlich plötzlich, wie es am Morgen begonnen hatte, ließen Krach und Beben nach. Um 19.00 Uhr dann Stille. Die Sirenen gaben Entwarnung. An vielen Stellen brannte es. Flammen erhellten den Himmel über einer Stadt, die ihr Inferno erlebt hatte, und in der sich jetzt langsam wieder Leben zu regen begann. Wir kamen aus dem Keller. Das Haus sah lädiert aus, aber es stand. Doch wie lange noch? Was, wenn die Bomber wiederkämen? Jetzt, am Abend, in der Nacht, bei diesem Flammenlicht? Niemand konnte das ausschließen. Und Luftabwehr, die gab es sowieso nicht. Keine deutsche Flak, keine Luftwaffe. Saalfeld war ja praktisch eine Lazarettstadt. Was also tun?

Die Hausangestellte hatte einen Vorschlag. Sie arbeitete und lebte im Hause Schulz und hatte sich schon während des Angriffs sehr um uns alle gekümmert. „Also", sagte sie, „wir könnten zu meinen Eltern, nach Volkmannsdorf."

Das war eine Idee! Raus aus Saalfeld! Weg von der Angst! Auf nach Volkmannsdorf, einem kleinen Dorf „oben" im Thüringer Wald. Aber was würden ihre Eltern sagen? Ohne Vorankündigung, einfach so? Es würde Mitternacht werden, vielleicht noch später, bis wir in Volkmannsdorf ankämen. Dürfen wir dieses Angebot überhaupt annehmen? Über diese bürgerlichen Bedenken setzte sich das Mädchen resolut hinweg: „Kommen Sie. Wir nehmen nur das Allerwichtigste mit."

Und schon rafften wir alle – sechs oder sieben oder acht Personen, die wir im Hause waren – ein paar Sachen zusammen und zogen los. Zu Fuß natürlich, auf der Straße nach Arnsgereuth. Mein Bruder, 10 Tage alt, lag in einem Wäschekorb. Wir trugen ihn gemeinsam, meine Mutter und ich. Und manchmal löste sie auch jemand aus unserer Gruppe ab, denn sie war noch recht schwach, allein der Fußmarsch bergauf fiel ihr einigermaßen schwer.

Jetzt ging es also Richtung Arnsgereuth, dann sollte es weitergehen nach Volkmannsdorf, hinein in den Thüringer Wald. An den Feengrotten vorbei, um Kurven, auf einer Asphaltstraße. Manchmal, wenn die Erschöpfung allzu groß wurde, machten wir Halt. Dann sahen wir zurück auf die Stadt und auf die Flammen, deren Licht sich mit dahinziehendem Rauch mischte. Eine gespenstische Szenerie.

Endlich kamen wir nach Arnsgereuth. Dort bogen wir von der Straße ab und marschierten über Feldwege weiter. Wir mobilisierten die letzten Kräfte. Gewiß, es waren „nur" zehn Kilometer. Aber die hatten es in sich. Gepäck, Steigung, fortschreitende Entkräftung – endlich standen wir vor einem einfachen Bauernhaus, gleich links am Ortseingang von Volkmannsdorf.

Große Überraschung, herzlicher Empfang! Besonders groß war natürlich die Freude der Eltern über das Wiedersehen mit ihrer Tochter. Mein Gott, gerettet! Und daß die Tochter nicht allein kam, das war doch überhaupt kein Problem! Nein, alle sollten rein, sich ausruhen, etwas essen. Für Schlafmöglichkeiten würde natürlich gesorgt, und für das Fläschchen zu allererst. Erschöpft, aber auch sehr erleichtert, füllten wir die gemütliche Wohnstube. Mitternacht war längst vorüber. Dann gab es zu essen. Pellkartoffeln mit Quark. Im feinsten Restaurant hätte es nicht besser schmecken können.

Wie ist das mit dem Glück im Leben? Mit der Dankbarkeit?

Wir waren gerade noch aus Deutsch-Eylau herausgekommen. Wir hatten das Glück, mit unserem Güterzug über die Weichselbrücke zu kommen, bevor sie gesprengt wurde. Wir fuhren mit dem Militärkonvoi kreuz und quer durch das tief verschneite Pommern und erreichten glücklich Swinemünde. Wir waren auch aus Swinemünde herausgekommen; wenige Tage später kamen die Bomber und der Tod. Wir hatten unsere zweite Chance in Pasewalk – und erlebten, mitten im Zusammenbruch unseres Landes, eine Reise zu beinahe friedensähnlichen Bedingungen. Wir suchten nachts in einer fremden Stadt verzweifelt ein Dach über den Kopf – und fanden nicht nur ein Hotel. Wir fanden einen Menschen. Ganz plötzlich hatten wir, worum uns viele in dieser schrecklichen Zeit beneiden konnten: Wärme und Geborgenheit und eben – Mitmenschlichkeit. Und dann der Bombenangriff. Wir haben ihn überlebt. Wieder fanden wir Menschen, die uns, ohne Erwartung einer Gegenleistung – woher hätte sie auch kommen können? – geholfen haben, spontan und unkompliziert, als sei es die natürlichste Sache der Welt.

Und jetzt aßen wir Pellkartoffeln mit Quark in einem Bauernhaus mitten im Thüringer Wald. Wir, die Fremden. Zusammen mit anderen Fremden. Und der Bauernfamilie, die unser unverhoffter Gastgeber in dieser so bemerkenswerten Nacht war. Alles hatte sich so ergeben. Ungeplant, schicksalhaft. Wir nahmen es hin. Wir waren dankbar, natürlich waren wir dankbar! Und wir waren froh, wieder einmal dieses große Glück gehabt zu haben.

Wir waren unserem Schicksal ausgeliefert. Selbst konnten wir so gut wie gar nichts tun. Wir konnten nur abwarten und – abhängig von der gerade gegebenen Situation – bestmöglich reagieren. So kämpften wir uns von Tag zu Tag. Große Gefühle? Keine Zeit, kein Platz, keine Gedanken. Es war wie eine Lähmung. Wenigstens darüber sprechen – selbst das ging nicht. Erst später, viel später, lösten sich langsam die Fesseln der Erlebnisse und die Beklommenheit begann zu weichen. Manche Erinnerungen stiegen erst nach Jahren und Jahrzehnten auf, und ihre psychische Verarbeitung konnte mit großer Verspätung beginnen.

Leise kamen die Sieger

Der Schrecken über die Bomben wich alsbald der Angst vor den US-Amerikanern. Die machten in Form schneller Jagdbomberattacken auf sich aufmerksam. Sie schossen auf alles, was sich bewegte. Wer auf dem Feld war oder irgendwo auf Straßen oder Wegen unterwegs, hörte plötzlich das unverkennbar helle Summen der Flugmotoren. Dann die Salven der Bordwaffen – und weg waren sie, wie der Blitz. Nicht immer konnte man rechtzeitig in Deckung gehen. Denn sie kamen im Tiefflug, dicht über den Bergen oder Hügeln, die zunächst den Schall auffingen und die Sicht natürlich auch behinderten. Die US-Jagdbomber („Jabos") beherrschten die Szene gleichsam beliebig. Deutschen Widerstand gab es nicht mehr. Nur hier und da noch ein deutsches Militärfahrzeug, ein einsamer Panzer, wenige Soldaten. Und die waren ohnehin nicht mehr auf Verteidigung eingestellt. Eine Frontlinie gar, die existierte überhaupt nicht mehr.

Wir begannen, uns auf die Besetzung vorzubereiten. Wilde Gerüchte kursierten über die Grausamkeiten der Amerikaner. Uns, auch und gerade die Jugend, würden sie sofort festnehmen und in Konzentrationslager stecken, die gäbe es schon in reicher Zahl in Frankreich. Wir sollten ganz schnell unsere Jungvolk- bzw. Hitlerjugendsymbole vernichten, alle Ausweise, etwaige Bewaffnungen und Uniformen, Bücher und andere Hinweise auf unsere „Nazi-Existenz" sowieso. Ja, plötzlich tauchte aus dem Nichts das Wort „Nazi" auf. Es gab überhaupt ganz neue Begriffe, die sich schnell vermehrten und ein Eigenleben begannen. „Nazi": Das war das erste der neuen Wörter für mich. „Antifa", „Displaced Persons"[29] und viele andere sollten bald folgen.

Dann kamen sie, die Sieger. Ganz plötzlich waren sie da, so um die Mittagszeit. Keine Schüsse, kein Mahlen von Panzerketten. Ein Jeep bog um die Ecke der Dorfstraße, vorsichtig sichernd dessen Besatzung. Andere Jeeps. Im Nu kamen sie von allen Seiten und hatten Volkmannsdorf in wenigen

---

29 Als „Displaced Persons" (DP) werden in der Regel Zivilpersonen bezeichnet, die sich durch Kriegsfolgen zwangsweise außerhalb ihres Heimatstaates aufhalten. Dieser Begriff wurde im Zweiten Weltkrieg seitens des SHAEF (Supreme Headquarters Allied Expeditionary Forces = Oberkommando der Alliierten Streitkräfte im Zweiten Weltkrieg) vor allem für jene Zwangsarbeiter und Zwangsverschleppten der NS-Herrschaft verwendet, die vornehmlich aus osteuropäischen Staaten stammten und sich in Deutschland aufhielten. Gegen Kriegsende sollen dies allein in den westlichen Besatzungszonen etwa 6,5 Millionen Personen gewesen sein.

Minuten erobert, ohne irgendeinen Widerstand, ohne auch nur einen einzigen deutschen Soldaten gesehen zu haben. Ohne einen einzigen Schuß. Die Jeeps stoppten. Sie hatten Lautsprecher, aus denen ständig eine Stimme quäkte, die wir nicht verstanden. Befehle, Beschreibungen des Umfeldes?

Soldaten sprangen heraus, liefen auf die Höfe, in die Häuser. Auch in unser Haus kamen sie. Drei, vier Mann. Gingen suchend und wortlos durch die Zimmer. Sahen in den Wäschekorb mit Bruder Gerd. Waren schnell wieder draußen. Und plötzlich hieß es dann: Alle raus, auch das Baby. In den Gasthof, den einzigen am Platze sollten wir, und mitnehmen, was wir wollten. War das schon der Beginn der Internierung, der gefürchteten? Nein, er war es nicht. Die Amerikaner hatten nur Unterkünfte für sich selbst gesucht, deshalb mußten die Häuser geräumt werden. Für wie lange? Keine Antwort. Überhaupt kümmerten sich die Amerikaner wenig um uns, seit sie praktisch das ganze Dorf im großen Gastraum, auf dem Heuboden und etlichen Nebenräumen des Gasthofes versammelt hatten. Dort sollten wir erst einmal bleiben. Natürlich war es sehr eng dort, zu essen gab es auch nichts und zu trinken, und nur mit größter Mühe ließ sich etwas Nahrung für Bruder Gerd auftreiben. Windeln? Ich weiß heute nicht mehr, wie meine Mutter das gemacht hat.

Wenige Tage waren erst seit unserem Aufbruch aus Saalfeld vergangen. Nun saßen wir in der Enge des Dorfgasthofes von Volkmannsdorf und warteten ergeben auf den nächsten Tag. Wie könnte es weitergehen? Was würden die Amerikaner mit uns tun? Ich fürchtete, mit den anderen Jungens und den alten Männern nach Frankreich ins KZ gebracht zu werden. Gerüchte, Ängste, Ungewißheit – alle waren davon ergriffen. Wie es eben so ist, wenn man „erobert“ wird.

Meine Mutter und ich – wir dachten an Wickersdorf, an die vermeintliche Idylle des Friedens im Thüringer Wald. Wickersdorf, so hatten wir erfahren, war nur drei oder vier Kilometer von Volkmannsdorf entfernt. Ob wir uns nach Wickersdorf durchschlagen könnten? Der Gedanke nahm immer mehr Gestalt an. Und nach einer ziemlich schlaflosen Nacht auf dem Boden des Gasthofs stand unsere Entscheidung fest: Ja, Wickersdorf! Denn Hierbleiben schien sowieso nicht möglich, und auf dem Boden konnten wir auch nicht lange leben: ohne richtige Nahrung, ohne richtige Hygiene, ohne die geringste Perspektive.

„Niemand darf diese Stadt verlassen!“ Diese Zettel klebten plötzlich an Häuserwänden und Zäunen. Strafe wurde angedroht und Gefahren. Wir erkannten das Risiko, zumal wir uns ja im Frontgebiet befanden. Aber was konnten wir eigentlich verlieren? Höchstens unser Leben.

Schon am nächsten Tag brachen wir auf. Es war ein sonniger Tag, kein Wölkchen am Himmel. Ruhe lag über Volkmannsdorf. Wir zogen an diesem späten Vormittag ganz alleine durch das Dorf: meine Mutter und ich, mit einem Wäschekorb in der Mitte, in dem mein Bruder schlief, mit einem allerletzten Rest an Gepäck. Wir zogen vorbei an US-Amerikanern, die uns überrascht und neugierig betrachteten, die uns aber nicht behinderten. Wir gingen quer über die Felder, weil wir einer Abkürzung folgen wollten, die unsere bisherigen Gastgeber – ergänzt um alle möglichen Warnungen! – uns empfohlen hatten. Da sehen wir plötzlich, nur einige hundert Meter vor uns, einen amerikanischen Panzer. Mitten im Gelände stand er, auf einem Hügel mit einem wunderbaren Ausblick weit ins Thüringer Land. Ganz allein stand er dort, oben drauf saß die Besatzung und sonnte sich. Wir mußten direkt an ihnen vorbei. Was jetzt? Würden sie schießen, die Amerikaner? Sollen wir wieder umdrehen, zurück nach Volkmannsdorf? Wieder stieg Angst in uns auf. „Niemand darf diese Stadt verlassen!" hatte es ja drohend geheißen. Und wir hatten „diese Stadt" verlassen, wir waren jetzt unterwegs und ganz allein mit diesem Panzer. Wir gingen weiter. Wir wollten uns nichts von unserer Angst und Unsicherheit anmerken lassen. Wir gingen nicht schneller und nicht langsamer als vorher auch – immer auf den Panzer zu. Auch die Besatzung hatte uns bemerkt. Sie betrachtete uns mißtrauisch. Was sind denn das für Leute? Was machen die hier, wo wollen die hin? Inzwischen hatten wir den Panzer fast erreicht. Wir konnten die Gesichter sehen, das Mienenspiel. Offensichtlich konnten die Amerikaner nichts mit uns anfangen, sie sahen wohl auch keine Gefahr. Wir passierten den Panzer schweigend. Würden sie jetzt nach den Waffen greifen, gar von hinten auf uns schießen? Sie schossen nicht. Sie sahen nur unschlüssig hinter uns her und hörten offenbar nicht auf, sich zu wundern. Als wir schon 500 oder 600 Meter weiter waren, wagte ich mich noch einmal umzudrehen. Sie saßen immer noch da und beobachteten uns, wie wir allmählich im nahen Wald verschwanden.

Langsam wich die große Anspannung. Wir machten Pause. Wir machten immer häufiger Pause und immer länger. Aber schließlich erreichten wir doch die ersten Häuser von Wickersdorf. Tatsächlich, eine Idylle – ein friedliches Dörfchen, keine Amerikaner zu sehen, nur ein paar Menschen bei der Arbeit, so, als gäbe es weder Krieg noch Not noch Bomben und andere Grausamkeiten. Allein diese Abgeschiedenheit und Stille weckte schon gute Gefühle und Hoffnungen. Das Gasthaus, das einzige im Örtchen, war schnell gefunden. Wir kehrten ein und erzählten unsere Geschichte.

„Ja, das Kinderheim, das ist ganz in der Nähe. Wir sagen gleich Bescheid."

Und während die Wirtin uns schnell eine heiße Suppe holte, lief das Hausmädchen den kleinen Berg hinunter zum Kinderheim.

Frau Spiewok, unsere Bekanntschaft aus dem „Roten Hirsch", war gleich da, begleitet von einer jungen Frau, die sich als Fräulein Kracht vorstellte, die Heimleiterin.

„Das ist ja wirklich toll“, sagte diese, „daß Sie jetzt da sind! Wir haben schon von Ihnen gesprochen. Natürlich haben wir Platz für Sie. Und für das Baby werden wir schon gemeinsam sorgen.“

Fräulein Kracht wirkte herzlich, zupackend, kameradschaftlich. Und nahm uns gleich mit. Wir bekamen ein schönes Zimmer. Bruder Gerd wurde versorgt, wir alle drei schnell in das Leben im Kinderheim integriert. Dort herrschte dank Fräulein Krachts Management Ordnung. Vielleicht 20 bis 30 Personen lebten dort, Mütter mit ihren Kindern, in der Fürsorge des Staates, aus deutschen Großstädten dorthin evakuiert. Jeder hatte seine Pflichten. Frühstück machen, Essen kochen, Waschen. Auch wir wurden eingeteilt, meine Mutter zunächst für ganz leichte Arbeiten, ich wurde zur Küchenhilfe ernannt, zuständig für das Abwaschen. Außerdem durfte ich, was mir viel Spaß machte, Kaminholz produzieren. Sägen, alles mit der Hand natürlich, und Holzhacken. Ich habe es in jener kurzen Zeit auf stolze 14 Festmeter geschafft.

Kein Wunder geschieht

Ein kleiner, privater Frieden war bei uns eingezogen. Wo aber war mein Vater, meine Großeltern aus Deutsch-Eylau, die Großmutter aus Bischofswerder, über die es bisher überhaupt keine Nachricht gegeben hatte, die Onkel und Tanten von den herrlichen Bauernhöfen, auf denen ich immer so gerne Ferien gemacht hatte, Ferien in der Erntezeit, Ferien in Masuren? Wie stand es um Deutschland, um den Krieg, um Berlin – jetzt, im April 1945? Von Tag zu Tag hatte sich die Kriegslage verschlechtert. Große Landesteile im Westen Deutschlands waren bereits in der Hand der Alliierten, der ganze Osten war bis zur Oder von der Roten Armee überrannt worden.

Am Abend des 12. April 1945 lief im Radio der Wehrmachtsbericht:

> Die Festung Königsberg wurde nach mehrtägigen Angriffen durch den Festungskommandanten, General der Infanterie Lasch, den Bolschewisten übergeben. Trotzdem leisten Teile der pflichttreuen Besatzung, in mehrere Kampfgruppen aufgesplittert, den Bolschewisten noch erbittert Widerstand. General der Infanterie Lasch wurde wegen feiger Übergabe an den Feind durch das Kriegsgericht zum Tode durch den Strang verurteilt. Seine Sippe wird haftbar gemacht.

Da stirbt plötzlich US-Präsident Franklin D. Roosevelt. Josef Goebbels, der Reichsminister für Volksaufklärung und Propaganda, wie er offiziell hieß, jubelt: „Mein Führer, ich beglückwünsche Sie. Roosevelt ist tot. Das Schicksal hat Ihren größten Feind geschlagen, Gott hat uns nicht verlassen. Ein Wunder ist geschehen. Das ist wie der Tod der Zarin im Siebenjährigen Krieg. Es steht in den Sternen geschrieben, daß die zweite Hälfte des Aprils für uns die große Wende bringt. Heute ist Freitag, der 13. April. Es ist der Wendepunkt.“[30]

Drei Tage später, am 16. April 1945 um 4.00 Uhr morgens, beginnt der russische Großangriff an der Oder, kaum 70 Kilometer von der Stadtgrenze Berlins entfernt. Der Wehrmachtsbericht meldet in seiner sachlichen Sprache:

> Nach vergeblichen Vorstößen am gestrigen Tage traten die Bolschewisten in den heutigen Morgenstunden zwischen der Neißemündung und dem Oderbruch nach heftigem Trommelfeuer mit starken Infanterie-, Panzer- und Luftwaffenkräften zum Großangriff an. Erbitterte Kämpfe sind auf der ganzen Front im Gange.

---

30 Fest, Joachim: Hitler, Frankfurt/Main 1973, S. 1000.

Es wird die letzte große Schlacht des Zweiten Weltkrieges auf deutschem Boden werden.

Wir saßen in unserem Kinderheim und lauschten beklommen den Nachrichten aus dem Radio. Die wurden täglich bedrohlicher. Der Wehrmachtsbericht am 30. April 1945:

> Das heroische Ringen um das Zentrum der Reichshauptstadt hält mit unverminderter Heftigkeit an. In erbitterten Häuser- und Straßenkämpfen halten Truppen aller Wehrmachtsteile, Hitlerjugend und Volkssturm den Stadtkern. Ein leuchtendes Sinnbild deutschen Heldentums.

Am 1. Mai 1945 heißt es in einer Meldung des Reichssenders Hamburg, abends um 22.26 Uhr:

> Aus dem Führerhauptquartier wird gemeldet, daß unser Führer Adolf Hitler heute nachmittag in seinem Befehlsstand in der Reichskanzlei, bis zum letzten Atemzug gegen den Bolschewismus kämpfend, für Deutschland gefallen ist. Am 30. April hat der Führer den Großadmiral Dönitz zu seinem Nachfolger ernannt.

Ein Heldentod? Erst später erfuhren wir, daß Hitler Selbstmord verübt hatte.

Schon am Tag zuvor war in Plön (Schleswig-Holstein), im Stabsquartier „Forelle" des Großadmirals ein Funkspruch aus Berlin eingegangen:

> An Stelle des bisherigen Reichsmarschalls Göring setzt der Führer Sie, Herr Großadmiral, als seinen Nachfolger ein. Schriftliche Vollmacht unterwegs. Ab sofort sollen Sie über sämtliche Maßnahmen verfügen, die sich aus der gegenwärtigen Lage ergeben. Bormann.

Und in einem weiteren Funkspruch hieß es: „Testament vom 29. 4. überträgt Ihnen das Amt des Reichspräsidenten, Reichsminister Dr. Goebbels das Amt des Reichskanzlers, Reichsleiter Bormann."[31]

So wurde aus Großadmiral Dönitz, dem charismatischen Führer der U-Boote und dann Befehlshaber der gesamten deutschen Kriegsflotte, der Reichspräsident Dönitz. Goebbels dagegen konnte seine neue Aufgabe gar nicht erst antreten – er war gerade mit seiner ganzen Familie mittels Zyankali aus dem Leben geschieden. An seiner Stelle sollte nun Johann Ludwig Graf Schwerin von Krosigk Reichskanzler werden. Doch dem war diese Amtsbezeichnung bereits zu pompös. Er bildete als „Leitender Minister der geschäftsführenden Reichsregierung" ein Kabinett überwiegend aus Fachleuten, die weitgehend unbekannt waren und es auch blieben. Einige Ministerien wurden kurzerhand aufgelöst. Mitsamt einem „Büro der Reichsregierung", zuständig für Unterbringung, Verpflegung, Fernsprechverbindungen, Büro-

[31] Vgl. hierzu: Lüdde-Neurath, Walter: Regierung Dönitz, Frankfurt/Main 1973, S. 45.

personal, Fuhrpark und einem Nachrichtenbüro etablierte sich die Übergangsregierung in der Marineschule Mürwik bei Flensburg. Sie umfaßte insgesamt 350 Personen.

Immerhin: Nach dem Tode Hitlers hatte Deutschland plötzlich eine neue Regierung. Regierung? Das Volk war schockiert, verunsichert, viele verzweifelt und entwurzelt, andere voll neuer Hoffnung. Gestern noch Adolf Hitler und sein unbeugsamer Wille, seine Parolen zum Durchhalten bis zum „Endsieg“ – und heute? War das nun das Ende des Krieges, vielleicht gar das Ende Deutschlands?

Die neue Regierung – wen, was sollte sie überhaupt regieren? Was gab es überhaupt noch zu regieren? Auch dem letzten Optimisten mußte jäh klar geworden sein, daß es sich nur noch um eine Verwaltung des Zusammenbruchs handeln konnte, mit ganz ungewissem Ende, um die Aufrechterhaltung von einiger Ordnung mitten in Chaos und Niedergang. Viele weinten.

Das letzte Staatsoberhaupt des Dritten Reichs amtierte gerade 522 Stunden. Am 1. Mai begonnen, endete seine Amtszeit am 23. Mai 1945 mit der Verhaftung durch untergeordnete Militärs der Alliierten. Es war eine extrem kurze, vor allem aber dramatische Regierungszeit, die eher mit einer abrupten Konkursverwaltung denn einer geordneten Amtsführung verglichen werden kann. Gleichwohl, die neue „Reichsregierung“ tat alles, was in ihren Kräften stand. Ihr Hauptziel: Das Ende des Krieges so schnell und so ehrenvoll wie möglich herbeizuführen. Schnell, um dem längst sinnlosen Töten ein Ende zu bereiten.

Doch wiederum nicht so schnell, daß all die Truppen, die noch im Kampf gegen die Sowjets standen, die Chance hatten, sich einigermaßen von der Roten Armee zu lösen, um sich – im Westen! – den Amerikanern oder Engländern zu ergeben. Das wichtigste also: Noch in letzter Minute möglichst vielen deutschen Soldaten und ihren Kameraden aus anderen europäischen Ländern – viele kämpften bekanntlich als Freiwillige auf deutscher Seite – das Schicksal einer russischen Gefangenschaft zu ersparen. Gelingen konnte das aber nur zum Teil.

Nicht so schnell, das hieß aber auch, Zeit gewinnen für die unzähligen Flüchtlinge, die noch in Danzig, Gotenhafen und den anderen Ostseehäfen auf die rettenden Schiffe in den Westen warteten. Die Alliierten dagegen betrachteten den Krieg längst als gewonnen – und wollten ihn so schnell als möglich beenden.

Deutschland kapitulierte schließlich bedingungslos. Wörtlich hieß es in der Urkunde, die am 7. Mai 1945 in Reims (vor den Westalliierten) und am 9. Mai 1945 in Karlshorst (vor der Roten Armee) unterzeichnet wurde:

> Das Oberkommando der Deutschen Wehrmacht wird unverzüglich allen deutschen Land-, See- und Luftstreitkräften und allen unter deutschem Befehl stehenden

> Streitkräften den Befehl geben, die Kampfhandlungen um 23.01 Uhr mitteleuropäischer Zeit am 8. Mai 1945 einzustellen …

Am 9. Mai erscheint der letzte Bericht des Oberkommandos der Wehrmacht, der Wehrmachtsbericht:

> Seit Mitternacht schweigen nun an allen Fronten die Waffen. Auf Befehl des Großadmirals hat die Wehrmacht den aussichtslos gewordenen Kampf eingestellt. Damit ist das fast sechsjährige heldenhafte Ringen zu Ende …
> Der deutsche Soldat hat, getreu seinem Eid, im höchsten Einsatz für sein Volk für immer Unvergeßliches geleistet. Die Heimat hat ihn bis zuletzt mit allen Kräften unter schweren Opfern unterstützt.
> Die einmalige Leistung von Front und Heimat wird in einem späteren gerechten Urteil der Geschichte ihre endgültige Würdigung finden …
> Die Wehrmacht gedenkt in dieser Stunde ihrer vor dem Feinde gebliebenen Kameraden.
> Die Toten verpflichten zu bedingungsloser Treue, zu Gehorsam und Disziplin gegenüber dem aus zahllosen Wunden blutenden Vaterland.

Das „Dritte Reich“ war zu Ende. Es hatte gerade einmal zwölf Jahregedauert. Nicht von innen her war es überwunden worden, nicht durch Revolution – es war einfach politisch-militärisch gescheitert.

Besiegt in alle Ewigkeit

Schon in den ersten Tagen, die wir in Wickersdorf verbrachten, hatte meine Mutter mich in der Schule angemeldet. Dr. Meyer, der Direktor, beäugte mich nicht unfreundlich, aber streng, und stellte viele Fragen, zumal ich ja keine Zeugnisse vorweisen konnte. Schließlich sah er meine Mutter an, nickte und begrüßte mich als neues Mitglied der Deutschen Heimschule Wickersdorf. Bis Kriegsbeginn war es eine internationale Privatschule gewesen mit hoher Reputation auch im Ausland. Mit dem Krieg kam die Verstaatlichung, die pädagogischen Ansprüche blieben hoch, bekannte Familien aus Industrie, Politik und Armee schickten ihre Söhne offenbar gern nach Wickersdorf.

Auch in der Einsamkeit von Wickersdorf waren US-Panzer erschienen und sofort auf das Schulgelände vorgedrungen. Dort standen sie, kritisch bis feindselig, auf jeden Fall skeptisch von der Schülerschaft betrachtet, die auf Widerstand programmiert war und gar vom „Wehrwolf" träumte, der geheimen Widerstandsorganisation. Schüler hatten Waffen und Munition versteckt, zum Teil im Schulteich versenkt. Die Atmosphäre war gespannt. Dann das Unerwartete. Die Amerikaner verteilten Schokolade, Kekse, Weißbrot. Sie sprachen die Schüler an, manche sogar auf deutsch. Was soll denn das? Der erste, der Schokolade angenommen hatte, wurde noch von seinen Kameraden „geächtet". Ein deutscher Junge nimmt keine Geschenke von Feinden!

Aber diese Einstellung war nicht durchzuhalten. Und als einzelne US-Offiziere sich noch dazu als ehemalige Mitschüler der früheren Privatschule Wickersdorf zu erkennen gaben, als sie vertraute Stellen auf dem großzügigen Schulgelände aufsuchten und zu erzählen begannen, da brach der Bann des inneren Widerstandes.

Am 8. Mai 1945, diesem denkwürdigen Tag in der deutschen Geschichte, saßen alle Bewohner im großen Wohnraum des Kinderheims und lauschten beklommen den Verkündigungen im Radio. Das ist nun die Kapitulation, die bedingungslose Kapitulation. So sieht also das Ende aus. Deutschland am Boden, ausgeliefert den Siegermächten, also auch Sowjetrußland? Was wird aus Deutschland, was wird aus uns? Niemand konnte sich die Zukunft vorstellen. Wir waren allein, meine Mutter, mein Bruder, ich. Mein Vater? Wo war er überhaupt? Tot? In russischer Gefangenschaft? Vielleicht verwundet? Auf Usedom war er gewesen, beim Volkssturm – eine andere Nachricht hatten wir nicht. Da war doch der schreckliche Bombenangriff auf Swinemünde mit den vielen Toten gewesen, das Vordringen der Roten Armee. Was war mit meinem Vater?

Alle Menschen im Kinderheim machten sich große Sorgen um ihre Zukunft. Niemand hatte zuvor in Wickersdorf gewohnt, jeder kam von irgendwo her, jeder hatte sein eigenes Schicksal, wollte wieder „nach Hause". Aber so einfach war das nicht mit dem Zuhause. Unser Zuhause: von Russen erobert. Das Zuhause der Großstädter unter uns, im besonderen Berliner oder Rheinländer: zerbombt? Und die Männer, die Väter? Wehrwirtschaftsführer, Offiziere in höheren Rängen – fern der Familie. Waren sie überhaupt noch am Leben? In Gefangenschaft? Drohte ihnen gar Deportation, Verurteilung? Die Meldungen im Radio ließen wenig Gutes ahnen. Wo konnte man überhaupt hin, wo war noch Sicherheit, wo eine Basis für die Existenz überhaupt? Würde es je wieder ein Zuhause geben?

Und dann die Russen. Die Amerikaner, so war zu hören, wollten Thüringen wieder räumen, zugunsten der Roten Armee. Fiele auch Wickersdorf in russische Hände, dann gnade uns Gott! Schon der Gedanke weckte schlimme Gefühle. Nur nicht die Russen!

Aber der Gedanke ließ sich nicht verscheuchen. Er fand täglich Nahrung in den Nachrichtensendungen, und bald stand auch ein Datum für die Übergabe des Landes an die Russen fest.

Eine Entscheidung tat Not, und Fräulein Kracht, die Heimleiterin, führte sie herbei: Wir verlassen Wickersdorf! Wir verlassen das Heim, das uns zur neuen, beschützenden Heimat geworden war und brechen auf in den Westen. So ungewiß selbst das sein mochte. Dort waren wenigstens nicht die Russen. Auch meine Mutter war dafür, während ich zögerte. Ich hatte einfach kein gutes Gefühl. Natürlich hatte auch ich Angst vor den Russen. Aber ich konnte mir auch die Strapazen einer neuerlichen Flucht vorstellen, mit einer sehr zweifelhaften Fortbewegung. Und mein Vater? Vielleicht, wenn er überhaupt noch lebte, würde er uns doch in Wickersdorf finden? Doch die Angst vor den Russen saß tief. Meine Mutter hatte ihre Entscheidung getroffen. Sie packte die Habseligkeiten, die uns noch geblieben waren. Sie bereitete, so weit das möglich war, Babynahrung und Windeln für den Weg ins Ungewisse vor.

Natürlich wollten wir letztlich nach Bremen. Aber wie Bremen erreichen, wo Deutschland doch in Trümmern lag? Gab es überhaupt noch Verkehrsmöglichkeiten? Wir wußten es nicht in unserem Dorf im Thüringer Wald. Und das Radio machte uns auch nicht klüger.

Alle waren im Aufbruchs- und Abschiedsfieber. Schon am nächsten Morgen sollte es losgehen. Das gesamte Kinderheim wollte geschlossen aufbrechen, nur die kleine, einheimische „Notbesetzung" würde zurückbleiben. Wo sollte sie auch hin? Der Morgen kam, und mit ihm ein schöner, klarer

Maitag. Sonne, aber die Luft war noch kalt. Wir trugen noch unsere Mäntel oder Jacken. Vor allem aber trugen wir unser Gepäck. Genauer: Ich trug das Gepäck und – zusammen mit meiner Mutter – den Korb mit Brüderchen Gerd. Jedes Mitglied der kleinen Marschgesellschaft war mit sich, seinem Gepäck, seinen Problemen beschäftigt, den Blick nach vorn gerichtet, wenn auch nicht ganz klar war, wo genau vorn war.

Alle wollten weg – aber nicht nur „weg". Sie wollten nach Hause. Dem alten ersehnten Zuhause – oder einem neuen „Zuhause", einer Zuflucht in stürmischer Zeit. Das „Unternehmen Aufbruch" aber war unkalkulierbar und einer Gefühlsmischung aus Hoffnung auf den rettenden Westen und Angst vor den einrückenden Russen geschuldet. Schon in wenigen Tagen wurden sie erwartet.

Wir schlossen das Eingangstor von außen. Wir zogen dahin, die ersten 20 Meter. Einige hatten sich schon an die Spitze des Zuges gesetzt. 30 Meter, 50 Meter. Meine Last wurde immer schwerer. Bitte halt, ich mußte den Koffer wechseln. Von links nach rechts. Dann ging es weiter. 100 Meter. Der Abstand zur Gruppe wurde größer. Rechts tragen konnte ich plötzlich nicht mehr. Ich wollte wieder wechseln. Die Last auf dem Rücken drückte. So konnte es nicht weitergehen. Ich setzte alles ab, sah zurück auf das Kinderheim, dann nach vorn auf unsere Gruppe, die stehen geblieben war und auf uns wartete.

„Das ist zu schwer für dich. Komm, wir fassen mit an."

Das war gut gemeint. Aber es war keine Lösung. Wir hatten erst etwas mehr als 100 Meter Weges hinter uns. Aber ich wußte auf einmal mit großer Bestimmtheit: Das schaffen wir nicht. Das schaffe ich nicht! Wir können nicht weiter. Wir müssen zurück.

Ich sagte es meiner Mutter. Die wollte es nicht glauben: „Versuch es doch noch mal. Vielleicht geht es ja doch."

Dann weinte sie. Nicht aus Zorn. Aus Verzweiflung. Unsere Gefährten – bald weg, ohne uns. Die Russen – bald würden sie hier sein. Für meine Mutter schien unser Schicksal besiegelt.

Fräulein Kracht und die anderen erkannten, daß mit mir nicht mehr zu reden war. Was half es, sie mußten weiter! Sie verabschiedeten sich voller Verständnis und vielleicht auch Mitleid. Dann machten sie sich auf den Weg Richtung Meura, dem nächsten Dorf auf dem Weg nach Westen. Wir wissen nicht, ob und wo sie angekommen sind. Wir haben nie wieder von ihnen gehört. Wir waren allein.

Langsam ergriff ich unser Gepäck, wir traten den Rückweg an. Große Überraschung bei der „Notbesetzung" im Kinderheim, wohl auch Freude. Denn jetzt waren sie nicht mehr allein. Wir bezogen wieder unser altes Zimmer, das Leben ging weiter wie zuvor. Auch meine Mutter schickte sich allmählich in das Unvermeidliche. Ich war unendlich erleichtert. Das Gefühl, das mich beim Aufbruch ergriffen hatte, beruhte nicht nur auf einem Mangel an Kraft. Es war mehr. Es war die Gewißheit, auf einem falschen Wege zu sein. Ich kannte dieses Gefühl schon. Immer, wenn ich ihm nachgegeben hatte in meinem ja noch kurzen Leben, war es gut gegangen. Immer, wenn ich es gewaltsam unterdrückt hatte, folgte ein dicker Fehler. So war es auch früher schon gewesen. So war es zuletzt auf dem Bahnhof in Pasewalk. Das sollte sich nicht wiederholen.

Wiedersehen

Der Tag verging, der nächste Tag auch. Ich machte mich im Garten nützlich und räumte den Hof auf. Da sehe ich einen Wanderer. Er kam vom Gasthof her ziemlich schnell auf das Kinderheim zu und bog in unsere Einfahrt. Das kann doch nicht … nein, das gibt es doch gar nicht … mein Vater! Ja, der Mann in der zerschlissenen Halbuniform des Volkssturms, der jetzt auf mich zukam, das war mein Vater! Ein Rucksack war sein einziges Gepäck. Ausgemergelt sah er aus, aber unverletzt. Gesund. Mein Vater! Wir lagen uns in den Armen. Dann lagen sich meine Eltern in den Armen. Und mein Vater sah in das Körbchen und auf seinen jüngsten Sohn. Der blinzelte freundlich.

Wir waren wieder zusammen. Entgegen aller Erwartung hatte mein Vater tatsächlich noch eine Postkarte aus Saalfeld bekommen, ein Wunder in diesen chaotischen Wochen. Aber die Reichspost, wie sie ja hieß, funktionierte zuverlässig, selbst im Zusammenbruch. „Wunder“ vollbrachte auch die Reichsbahn. Sie tat, was sie immer tat. Sie fuhr. Nicht immer auf die Minute

Die Reichsbahn vollbrachte in den letzten Monaten trotz schwerer Kriegseinwirkungen wahre Wunder und rettete vielen Flüchtlingen das Leben.

pünktlich, wie gewohnt, nein. Aber sie fuhr. Sie fuhr trotz Bombenangriffen auf Städte und Bahnhöfe, trotz eingeschobener Militär- und Versorgungstransporte und trotz alliierter Jagdbomberangriffe auch zur Tageszeit. Für Flüchtlingstransporte aus dem Osten mußte kurzfristig Kapazität geschaffen, die Fahrtzeiten und Strecken eingeplant werden. Es war eine gewaltige Improvisationsleistung. Die Reichsbahn fuhr und befestigte ihren Ruf als das damals verläßlichste Verkehrsmittel überhaupt.

Jedenfalls wußte mein Vater, wo er uns zu suchen hatte – er, der gerade noch mit einem Transportschiff aus Swinemünde herausgekommen war. Es muß schon nach dem Zusammenbruch gewesen sein, als die Kriegsmarine unter Aufbietung ihrer letzten Kräfte noch die übriggebliebenen Verteidiger der Inseln Wollin und Usedom vor der russischen Gefangenschaft retten konnte. Jedenfalls traf das Schiff, auf dem auch mein Vater war, erst am 15. Mai – also mehrere Tage nach der Kapitulation am 8./9. Mai 1945 – in Kiel ein, um dort Verwundete auszuladen. Dann ging es nach Heiligenhafen, wo mein Vater am 16. Mai in englische Kriegsgefangenschaft kam. Dort gelang ihm schon bald die Flucht. Er schlug sich, meist zu Fuß, bis Hamburg durch und versuchte dann, auf unterschiedliche Weise Richtung Süden, nach Saalfeld nämlich, zu kommen. Ein Zitat aus seinen heute kaum noch leserlichen Bleistiftnotizen:

> … dort in einer Scheune übernachtet. Aufbruch um 5.00 Uhr, Aufstellung um 6.00 Uhr an der Chaussee nach Lüneburg. 6.30 mit LKW nach Bardowic, dort ausgestiegen und 15 km weiter marschiert, dann umgestiegen auf einen Bauernwagen, nach wenigen hundert Metern Fahrt wiederum umgestiegen auf einen LKW und bis Lüneburg gefahren. Marschiere durch Lüneburg durch auf die Chaussee nach Braunschweig. Frühstück. Ein Bauernfuhrwerk kommt. Ich halte das Fuhrwerk an und erhalte die Erlaubnis mitzufahren. Das Frühstück wird abgebrochen, und nach einigen hundert Metern stoßen wir auf einen haltenden LKW. Es wird umgestiegen auf einen LKW, der mich direkt nach Braunschweig bringen wird. Es geht über Braunschweig, Halberstadt nach Quedlinburg, wo wir etwa 18.45 Uhr ankommen. Am 8. Juni 1945 um 5.45 Uhr Abschied von Quedlinburg, 7.00 Uhr mit Auto nach Aschersleben. 9. Juni 4.50 Uhr aufgestanden. Von Aschersleben mit LKW nach Halle, von dort nach Naumburg. Über Merseburg mit dem Pferdefuhrwerk und LKW nach Naumburg/Saale. Da Sonnabendnachmittag keine Fahrgelegenheit zu erreichen war, im Fußmarsch nach Camburg/Saale (14 km). Sehr müde im Schulgebäude übernachtet. Strohlager. 10. Juni 1945 Rast und Ruhetag. 11. Juni mit der Eisenbahn von Camburg nach Jena. Von hier mit einem LKW nach Saalfeld. Bei Stadtbaurat Schulz, Schwarmgasse 18, vorgesprochen. Hier erfuhr ich, daß Mutti und Lutz sowie der kleine Gerd sich in Wickersdorf befinden (12 km). Ich machte mich sofort auf den Weg dorthin …

Ja, und da war er nun! Die Familie vereint, das Schlimmste der Flucht, wie wir hofften, überstanden.

Der Krieg jedenfalls war zu Ende. Die Heimat hatten wir verloren. Und ganz allmählich stieg die Ahnung in uns auf, daß wir sie wohl nie mehr wiedersehen würden. Deutsch-Eylau war jetzt ganz weit weg. Die Probleme der Gegenwart waren es, die uns quälten. Was tun?

Deutschland lag in Trümmern – moralisch, seelisch, real. Menschen irrten durch das Land, ohne Heimat, ohne Hoffnung, ohne Orientierung. Millionen Menschen. Wir gehörten dazu. Wir hatten alles verloren: unser Haus, unsere ganze Habe, unsere Heimat. Wir hatten kaum etwas zu essen und wußten nicht, was der nächste Tag bringen würde. Und doch ging es uns noch gut – relativ gut. Denn wir waren frei. Wir konnten, wenn wir denn gekonnt hätten, hingehen, wohin wir wollten. In dieser Freiheit konnten wir um unser Überleben kämpfen.

Der Krieg war vorbei. Aber der Frieden hatte nicht begonnen – ja, es schien sogar, als würde sich der Krieg fortsetzen, wenn auch mit anderen Mitteln. Statt Panzern, Granatwerfern und Bombern gab es jetzt Hunger, Kälte, Deportation, Mord, Raub und tödliche Krankheiten. Es gab Haß, fürchterlichen Haß – und von allem so viel, wie sich Menschen das in einer so kurzen Zeitspanne und Intensität nie zuvor hätten vorstellen können. Es war persönlicher Haß, und es war staatlicher Haß: ausgelassen an Millionen von Deutschen, deren „Verbrechen" darin bestand, eben Deutsche/r und gleichzeitig am Ort des Hasses zu sein.

Die Waffen schwiegen, aber Millionen wurden mit extremer Brutalität und Gewalt aus ihrer angestammten Heimat vertrieben, gequält, gefoltert. Vom Militär, vor allem aber von bewaffneten Banden, Paramilitärs, kommunistischen Aktionsgruppen. Allein eine Million Zivilisten wurden zur Zwangsarbeit rekrutiert. Sie hatten nichts verbrochen. Aber sie waren Deutsche – und das genügte. Sie quälten sich in langen Elendsmärschen, oft bei 20 °C Frost und mehr, zu ihren Sammellagern, zu den Zügen, die sie in die Weiten Rußlands, in die Ukraine und in andere Länder brachten. Allein in Polen hat das Rote Kreuz später gut 1.200 Lager gezählt, in denen Deutsche – zumeist Frauen, Kinder und Greise, denn die arbeitsfähigen Männer waren gefallen, in Gefangenschaft oder vermißt – unter elenden Bedingungen ihr Leben fristeten.

Viele gehörten zu denen, die nicht mehr rechtzeitig ihre Heimat hatten verlassen können. Viele auch, die auf der Flucht gestrandet, steckengeblieben und von russischen Panzerspitzen eingeschlossen worden waren. Die aus ihren Städten und Dörfern geflüchtet und sich nicht mehr in den Westen durchschlagen konnten. 15 Millionen Menschen sind es gewesen, die – so der amerikanische Historiker Norman M. Naimark von der Stanford University – „in der größten Bewegung eines europäischen Volkes in der modernen Geschichte vertrieben wurden, geschlagen, ausgeraubt und vergewaltigt". Zwischen zwei und drei Millionen von ihnen kamen teils auf grauenhafte Weise ums Leben, viele beendeten ihr Leben und das ihrer Familien mit eigener Hand, zirka zwei Millionen Frauen, so die Schätzungen, wurden vergewaltigt.

Millionen aber harrten immer noch in ihrer alten Heimat aus. Sie hatten nicht mehr rechtzeitig flüchten können oder wollen – nun erfuhren sie Terror und Plünderungen durch Russen, Polen und Tschechen zu Hause. Und dorthin, nach Hause nämlich, wollte eine weitere Million, die noch unterwegs war, teils schon im Westen. Sie drehte wieder um nach Osten, weil ihr Ungewißheit und Elend in der Heimat immer noch besser erschien als das Schicksal von Ablehnung und Heimatlosigkeit im Westen. Was sie freilich bei aller Heimatliebe nicht wissen konnten: ihre Vertreibung, wieder nach Westen, war längst beschlossene Sache. Stalin wollte es so, und Polen und Tschechen waren ohnehin heiß auf die „ethnische Säuberung", sie wollten ihre Eroberungen jetzt von Deutschen „reinigen".

„Legalisiert" wurde das Vorhaben auf den großen Konferenzen von Jalta (im Februar 1945) und Potsdam (im Juli/August 1945) durch drei alte und nicht eben weise Männer – durch Winston Churchill (70 Jahre), Franklin D. Roosevelt (63 Jahre und todkrank) und Josef Stalin (65 Jahre). Roosevelt starb im April 1945. In Potsdam verhandelte dann an seiner Stelle der neue US-Präsident Harry S. Truman. In der Rückschau wird man später sagen: Sie wußten nicht, was sie taten. Nur einer von ihnen wußte es sehr genau: Stalin. Aber bei ihm kam es ja auf ein paar Millionen Tote mehr schon gar nicht mehr an.

Rache für verlorene Schlachten? Revanche für Morde, Brandschatzungen und andere Untaten, die deutsche „Einsatzgruppen" oder Einzeltäter an der Zivilbevölkerung der besiegten Länder begangen hatten? In jeder Armee der Welt, auch in der deutschen, gab und gibt es verbrecherische Elemente, die ihre Wut, Disziplinlosigkeit oder ein verwirrtes „Überlegenheitsgefühl" an Unschuldigen auslassen. Ein negatives Kollektivurteil aber, wie es zum Beispiel die deutsche Ausstellung „Verbrechen der Wehrmacht" später zu suggerieren suchte, ein solches Urteil scheint weit verfehlt und spricht den Opfern, die die Wehrmacht in sechs langen und bitteren Kriegsjahren gebracht hat, Hohn. „Es war die beste Armee der Welt", so Frankreichs General de Gaulle mit größtem Respekt, der es als erfahrener Soldat eigentlich wissen sollte.

Das Hitler-Regime hat folgenschwere Entscheidungen getroffen, die mit der Tradition deutscher Militärgeschichte nichts zu tun haben. Das ist unentschuldbar – wegen der Opfer und ihrer Leiden; und wegen der Wirkung auf die Völker, das deutsche eingeschlossen, und den falschen Signalen, die damit verbunden waren. Die deutsche Geschichte ist 1200 Jahre alt – 12 Jahre Drittes Reich mit Adolf Hitler sind gerade 1 Prozent dieser Zeitspanne. Ein ganz kleiner Teil nur, der aber doch zu großen Fehlurteilen verführen kann.

Jetzt also wurde aufgerechnet. Mit Geld, da geht es. Aber mit Menschen, mit Heimat, mit Humanität? Meine Taten gegen deine Taten! Sechs Jahre Krieg und dessen Vorgeschichte machten aus Deutschland, Rußland, dem Baltikum, Polen und der Tschechoslowakei, aber auch aus dem Balkan das, was sich in einem letzten großen Sturm zwischen 1944 und 1947 entlud. Der Tod hatte viele Gesichter: Tod auf der Flucht durch Kälte, Erschöpfung, Hunger, Krankheit oder Vernichtung. Tod in Gefängnissen und Lagern. Tod durch Deportation und Zwangsarbeit. Tod durch Verelendung der verbliebenen Bevölkerung, vor allem in Ostpreußen. Es war ein namenloses Elend, und die „New York Times" beschrieb die Umstände der Vertreibung der Deutschen damals beklommen als ein „Verbrechen gegen die Menschlichkeit, für das die Geschichte eine fürchterliche Vergeltung fordern wird". Hoffen wir, daß die „New York Times" ganz einfach irrt!

Schicksale

Meine Eltern, mein Bruder Gerd und ich – wir sind diesem Schicksal entkommen. Meine Großeltern aus Deutsch-Eylau sind es Gott sei Dank auch. Friedrich Winnegge, Zollsekretär i. R., und seine Frau Johanna Winnegge hatten ein ruhiges, durchaus zufriedenes und bürgerliches Leben geführt. Oma war eine lebenskluge, lebendige und liebe Frau, Bauerntochter aus Masuren, meine Mutter ihre einzige Tochter. Ihr Haus in der Bahnhofstr. 58 lag etwa 15 bis 20 Minuten Fußweg von uns entfernt, in östlicher Richtung. Einen Telefonanschluß hatten die Großeltern nicht. In der Nacht zum 20. Januar 1945 hatten wir fieberhaft überlegt: Hinlaufen? Sie holen? Was aber, wenn sie längst geflüchtet waren mit ihren Nachbarn? Und – wo standen die Panzer? Wir flüchteten allein. Oma und Opa flüchteten auch allein.

Wir hatten uns Sorgen gemacht und auch Vorwürfe. Aber dann, nach einiger Zeit und durch einen glücklichen Zufall, bekamen wir Verbindung miteinander. Die Großeltern waren bis nach Stolp gekommen, der größten Stadt Ostpommerns. Es stand nicht gut um sie und ihre Chancen, noch den rettenden Westen zu erreichen. Denn die Russen waren im Begriff, den

Oma und Opa Winnegge vor ihrem Wohnhaus in der Bahnhofstr. 58 in Deutsch-Eylau

Osten durch einen Vorstoß ihrer Panzer nach Norden – über Stolp hinaus und bis zur Küste – abzuschneiden. Wenn ihnen das gelang, und es konnte kaum Zweifel daran geben, dann gab es nur noch eine allerletzte Hoffnung – wieder zurück. Und den Versuch, über die Ostsee zu fliehen.

Gerade noch froh, dem Schlimmsten entronnen zu sein, entschlossen sich meine Großeltern zur Umkehr. Irgendwie gelang es ihnen, sich zu einem Hafen durchzuschlagen. Wie, das weiß ich nicht, denn wir haben niemals darüber gesprochen. Überhaupt schien noch Jahre später eine solche Last auf den Seelen der Menschen zu liegen, daß der Austausch untereinander, das Schildern der Erlebnisse und Schrecknisse von einem unerklärten Tabu belegt schien. Erst nach Jahren lösten sich die Blockaden, wenn auch sehr behutsam und dosiert und immer wieder von Phasen der Sprachlosigkeit unterbrochen. Fast allen ging es wohl so, und manchen bis auf den heutigen Tag.

Meine Großeltern jedenfalls erreichten Gotenhafen (Gdynia). Und zusammen mit Hunderttausenden anderer an den Kaianlagen hofften sie auf ein Schiff – Kriegs-, Ex-Passagier- oder Handelsschiff – das sie an Bord nehmen würde. Die Menschen hofften nicht nur an den Kais von Gotenhafen. Sie hofften auch in den kleinen pommerschen Häfen Stolpmünde und Leba. Sie hofften in Danzig und Hela und auch in Pillau, der Hafenstadt vor Königsberg. Doch für 1,5 bis 2 Millionen Deutsche war alles Hoffen in Kälte und Schnee vergeblich. Sie fielen in russische Hände. Nur ein Teil von ihnen überlebte.

Oma und Opa warteten am Kai von Gotenhafen. Umdrängt, hielten sie ihr bißchen Gepäck umklammert und rührten sich nicht. Sie konnten weder vor noch zurück. Legte endlich, endlich ein Schiff an, stürzte die Masse Mensch, rücksichtslos, wie Menschen sein können, erst recht in ihrer Verzweiflung, auf die Laufstege und Fallreps zu: ein Überlebenskampf um jeden Zentimeter. Wer es nicht schaffte, blieb zurück. Vielleicht, bis – irgendwann? – ein nächstes Schiff mit einer neuen Chance kam. Vielleicht auch für immer. Der Platz am Kai jedenfalls war das Leben und die Hoffnung. Die Russen kamen immer näher, die Zeit wurde knapp und knapper. Es wird berichtet, daß die Menschen ihren Platz am Kai um den Preis ihres Lebens verteidigten und selbst dann nicht zurückwichen, wenn russische Granaten dort einschlugen.

Meine Großeltern konnten sich nur wenig Hoffnung auf einen Schiffsplatz machen. Sie froren bitterlich, sie waren einsam trotz so vieler Menschen um sie herum. Und sie waren zu schwach, um sich einen Platz erkämpfen zu können. Vielleicht hatten sie sich auch schon selbst aufgegeben. Doch da, in diesen Stunden größter Verzweiflung, erschien ihnen ein Schutzengel. Ganz plötzlich war er da – in der Gestalt des jungen Kommandanten eines Torpedobootes, das gerade am Kai festmachte. Und während der Sturm der Menschen losbrach, erblickte der Kommandant von seiner Brücke aus die Großeltern.

Hermann und Emma Dischereit im Garten ihres Bauernhofes in Masuren

Still und verängstigt standen sie da, unfähig, sich an dem Kampf um einen Schiffsplatz zu beteiligen. Dachte er an seine eigenen Großeltern, hatte er ganz einfach Mitleid? Kurzum: Der Kommandant handelte. Er schickte kräftige Matrosen, die sich im Menschengewühl Bahn brachen. Sie griffen sich die verdutzten Großeltern und ihr bißchen Gepäck, und schon kämpften sie sich mit ihnen auf das Torpedoboot zurück. In Sicherheit!

„Willkommen an Bord!" begrüßte sie der junge Offizier herzlich, beruhigte sie und wies ihnen sogar eine Kabine zu – seine eigene. „Ich brauche sie jetzt sowieso nicht." In der Kabine war es herrlich warm. Dort konnten sie sich erst einmal hinsetzen. Noch konnten sie ihr Glück nicht fassen. Bald schon legte das Boot, mit Flüchtlingen überladen wie alle anderen Schiffe auch, vom Kai ab und nahm Kurs auf Hela. Das Abenteuer See hatte begonnen. Mit meinem Opa an Bord, der stets das Wasser gescheut hatte wie der Teufel das Weihwasser und der noch nicht einmal bereit gewesen war, ein Ruderboot auf windstillem See zu besteigen, aus Angst vor dem Wasser und dem Schwanken des Bootes. Ausgelacht hatten wir ihn immer, was er sich dann entschlossen zu verbitten pflegte.

Dieser Opa also an Bord eines Torpedobootes. Er saß wie versteinert in der Kapitänskajüte, wollte nichts zu essen oder zu trinken. Es war ihm ganz erbärmlich zumute. Und dazu die Manöver des Bootes, das ja nicht nur Flüchtlinge transportieren, sondern auch Geleitschutz fahren sollte. So gab es denn immer wieder U-Boot-Alarm, immer wieder schnelle Wendemanöver und Wasserbomben-Attacken. Eine ruhige Fahrt war das nicht. Aber auch

Opa gewöhnte sich schließlich an diese Art von Seereise – und bald war sie glücklich überstanden. Der junge Kommandant hatte seine Gäste in Schleswig-Holstein an Land gesetzt und war sofort wieder ausgelaufen – nach Osten, nach Pillau diesmal, Flüchtlinge holen. Solange sie noch lebten, empfanden meine Großeltern eine unendliche Dankbarkeit.

Mein Großvater starb bald nach Kriegsende in einem kleinen Dorf in der Lüneburger Heide, in Eimke. Er hat sich nie mehr richtig vom Verlust der Heimat und den Schrecken der Flucht erholt. Meine Großmutter, eine warmherzige ostpreußische Bauerntochter, lebte noch einige Jahre bei unserer Familie in Bremen und schlief 1956, 78 Jahre alt, so still ein, wie sie immer gelebt hatte.

Das Glück, das wir hatten und meine Großeltern auch – meine Onkel und Tanten aus Ostpreußen, auf deren Bauernhöfen ich so viele herrliche Ferientage verbringen konnte, hatten es nicht. Über sie gibt es noch nicht einmal verläßliche Informationen – nur Berichte. Lückenhaft. Von Mund zu Mund weitergetragen, ohne „offizielle" Bestätigung.

Hermann Dischereit, Bruder meiner Großmutter und Bauer in Masuren, hat versucht, sich mit dem Treck seines Dorfes über die Kurische Nehrung zu retten. Dort zogen sie, Wagen hinter Wagen, mit Pferden und Rindern über das Eis Richtung Königsberg, immer wieder angegriffen von russischen Jagdbombern, die schon große Löcher in die Eisfläche gebombt hatten.

Hermann Dischereit bei einer kleinen Pause nach harter Arbeit. Auf der Flucht über das Haff wählte er den Freitod.

Der russische Vorstoß auf Elbing ließ vielen Flüchtlingen nur noch einen Weg offen, nämlich den über das zugefrorene Haff auf die Nehrung. Für viele bedeutete dies den Tod.

Hermann Dischereit, so die Erzählung von Nachbarn, ging vorn neben seinen Pferden, Kilometer um Kilometer. Plötzlich löste er sich von den Tieren. Er löste sich von der Fahrzeugkolonne – und marschierte seitab, ohne sich noch einmal umzusehen, ohne die verzweifelten Schreie von Familie und Nachbarn zu beachten, auf das nächste Bombenloch im Eis zu. Eine Minute später war Hermann Dischereit unter der Eisfläche verschwunden. Das Haff hatte ihn geschluckt und die Leiden seiner Flucht beendet. Seine Familie kam niemals im Westen an. Sie ist verschollen.

Franz Dischereit, sein Bruder und Bauer in Wittgirren bei Angerapp, verließ mit seinem Treck zu spät den Hof, den die Familie seit vielen Generationen bewirtschaftet hatte. Unterstützt von den französischen Kriegsgefangenen, die auf dem Hof arbeiteten und ihm seit Jahren wie Familienmitglieder verbunden waren, machten sich alle auf den Weg nach Westen. Weit kamen sie nicht. Denn die russischen Panzer waren schneller. So blieben sie denn irgendwo stecken, saßen nun in der Fremde – alles, was über 25 Kilometer Radius vom eigenen Hof entfernt war, galt schon als „fremd“ – sie fühlten sich heimatlos und total verunsichert. Da faßte Franz Dischereit einen folgenschweren Entschluß. Er wollte zurück! Sofort! Wieder auf seinen Bauernhof, der ihm trotz aller Gefährdungen als eine Insel der relativen Sicherheit, der Vertrautheit erschien, der ihm in diesem ganzen ostpreußischen Drama wieder Heimat und Wärme bieten sollte.

Und tatsächlich – er erreichte seinen Hof wieder. Wer noch alles bei ihm war, ist nicht überliefert. Nur dieses: Lebend hat er sein Bauernhaus nicht mehr betreten. Franz Dischereit wurde erschlagen, kaum, daß er vom Wagen gestiegen war. Von wem? Wir wissen es nicht. Was würde es auch ändern? Kein Mitglied seiner Familie wurde je wiedergesehen. Auch über die französischen Kriegsgefangenen ist nichts bekannt geworden.

Erneuter Aufbruch

Wie gesagt, wir hatten viel Glück in all diesem Unglück. Jetzt, wo wir meinen Vater wieder hatten, konnten wir klar entscheiden: raus aus Thüringen, so schnell wie möglich. Denn die Russen standen praktisch vor der Tür! US Army und Rote Armee hatten ihre „Claims" abgesteckt; Thüringen sollte zum sowjetischen Besatzungsgebiet gehören. Also rückten die Amerikaner ab, die Russen kamen. Für die nächsten Tage schon – es war Juni 1945 – wurde das erwartet. Alle Ängste, alle Strapazen der Flucht durften nicht umsonst gewesen sein.

So packten wir denn wieder – zum wievielten Mal eigentlich in diesen wilden Monaten des Jahres 1945? – unsere Habseligkeiten zusammen und machten uns auf den Weg. Nach Bremen! Wieder nach Bremen, das bisher doch ein vergebliches Ziel unserer Anstrengungen gewesen war. Diesmal wollten wir es endlich erreichen.

Unsere erste Station war Weimar. Eine schöne Stadt, von Kämpfen kaum berührt, friedvoll, „normal". Dort wohnten mein Onkel Wilhelm Radtke und seine Frau Gertrud, genannt Tuda – wenn sie dort wohnten. Denn jetzt waren beide nicht da, sie waren im Kriegseinsatz gewesen. Der Onkel, ein Polizeioffizier, an der Ostfront, die Tante bei einem Stab. Was wir damals noch nicht wissen konnten: Wilhelm Radtke kam erst nach Jahren aus russischer Kriegsgefangenschaft zurück, Tuda hatte Glück und war ziemlich bald nach Kriegsende wieder zu Hause. Sie wurde dann Sekretärin beim Intendanten des Nationaltheaters.

Sie hatten eine schöne Wohnung, die wir für ein paar Tage beziehen konnten. Sie lag in einem Haus mit mehreren Wohnungen – junge Frauen waren die Nachbarn, mit kleinen Kindern oder auch ohne. Männer gab es nicht. Die wurden auf das dringlichste aus dem Kriege zurückerwartet, oder sie waren schon tot gemeldet oder in Gefangenschaft. Diese jungen Frauen nun kümmerten sich mütterlich um uns, besorgten Eßbares und halfen überhaupt beim „Einleben", so kurz das auch war. Wir warteten ja auf einen Zug Richtung Westen. Wir warteten dringend, wie viele andere Menschen auch. Endlich war es so weit. Ein Zug, ein richtiger Personenzug, stand abfahrbereit auf dem Bahnhof von Weimar. Es sollte der letzte Zug sein, der die gerade in Einrichtung befindliche sowjetische Besatzungszone verließ, bevor die Rote Armee sie noch so richtig in Besitz genommen hatte.

Abfahrt. Der Zug fuhr nach Erfurt, er fuhr nach Gotha. Gegen Abend lief er in Eisenach ein. Doch welch ein Schrecken! Der Bahnhof wimmelte von erdfarbenen Uniformen, fremde Laute waren in der Luft – die Russen! Jetzt war es also passiert. Die Russen hatten die letzte Station, die uns noch von der neuen Grenze mitten in Deutschland trennte, besetzt. Gewiß, es gab, was ein wenig unserer Beruhigung diente, noch Amerikaner. Doch die waren in der Minderheit und offensichtlich auf dem Rückzug.

Der Zug hatte an einem Bahnsteig gehalten und stand dort, wie es schien, unschlüssig herum. Heftige Diskussionen zwischen Amerikanern und Russen und ein lebhaftes Hin und Her. Es ging wohl um den Zug. Darf er weiterfahren, oder darf er nicht? Der Zug stand. Er stand auch nach einer Stunde noch und bewegte sich nicht. Inzwischen wurde es immer dunkler, der Abend kam, und der Zug stand noch immer. Wir hatten das Abteilfenster geöffnet und schauten auf die Häuser, die dicht am Bahnhof standen. Auch dort hatten die Menschen ihre Fenster geöffnet und betrachteten in einer Mischung aus Anteilnahme und Besorgnis das ungewohnte Treiben auf dem Bahnhof. Keiner wußte, was werden sollte.

Wir sprachen miteinander: vom Haus zum Zug, vom Zug zum Haus.

„Da können Sie doch nicht bleiben", rief es aus einem Fenster im zweiten Stock. „Was wollen Sie denn mit dem Baby machen? Fläschchen, wickeln?"

Eine gute Frage und ein Mitgefühl, das wohl tat. Wirklich, was sollten wir machen? Aussteigen, und der Zug fährt womöglich ohne uns nach Westen? Im Zug bleiben und warten? Die deutschen Bahnbeamten wußten keine Antwort. "Sorry, wait", so die Amerikaner. Wir zeigten auf das Baby Gerd. Wieder verging ungefähr eine Stunde der Ratlosigkeit. Dann die Erlösung durch einen deutschen Beamten: „Der Zug bleibt hier. Morgen sehen wir weiter."

Wir stiegen aus. Wir nahmen unsere Habe und verließen den Bahnhof Eisenach. Die wenigen Schritte bis zur Wohnung unserer freundlichen Gastgeber lagen schnell hinter uns. Zweite Etage – eine kleine, gemütliche Wohnung, ein Ehepaar mit einer fast erwachsenen Tochter, Herberge für die kommende Nacht. Es war ähnlich wie in Pommern. Die Gastfreundschaft von Menschen, die wir zwei Stunden zuvor noch gar nicht gekannt hatten, die sich keinerlei Nutzen von uns erwarten konnten, eher Arbeit und Einschränkung. Trotzdem taten sie, was Menschlichkeit ihnen gebot. Wir waren überrascht und beglückt und unendlich dankbar. In all der späteren Wirrnis haben wir dann nichts mehr voneinander gehört.

Wir aßen zu Abend. Wir schliefen unruhig. Schließlich hätte der Zug jeden Moment auch ohne uns abfahren können. Sicherheitshalber machten wir uns am nächsten Morgen sehr früh wieder auf den Weg zum Zug, der immer noch an der gleichen Stelle stand. Dazu das gleiche Bild: Russen, Amerikaner, Bewegung hin und her. Endlich, gegen Mittag erst, Geräusche der

Lokomotive, Pfeifen, Rufe. Schließlich ein erstes Rucken – tatsächlich, der Zug fährt! Ganz langsam rollt er aus dem Bahnhof Eisenach, er rollt in die richtige Richtung, nach Westen. Bald ist nichts ist mehr zu sehen von Russen oder Amerikanern, nur die schöne thüringische Landschaft, die allmählich zu einer schönen hessischen Landschaft wird. Langsam, sehr langsam mit vielen Stopps – so verläuft die Fahrt. Keine Grenze, keine Kontrolle, nur Täler und Hügel und gegen Abend ein Bahnhof: Gerstungen. Gerstungen im Westen. Gerstungen in Sicherheit. Ein Aufatmen ging durch die Abteile des Zuges. Geschafft!

Der Zug hielt. Alles aussteigen! Ob es weitergeht und wie? Keine Antwort. Morgen, so hieß es wieder einmal, morgen werden wir weitersehen. Irgendwie werden wir Bebra erreichen und dann Kassel – und bald auch Bremen. Der Krieg ist ja zu Ende, jetzt, im Sommer 1945. Es muß ja besser werden.

Übernachtung in Gerstungen. Gleich gegenüber dem Bahnhof, auf einem Hügel ein Krankenhaus. Es sah nach einem Behelfskrankenhaus aus, ganz gewiß war es keines der besonders fortschrittlichen Häuser mit ihrer einladenden Architektur und Ausstattung. Aber es war ein Haus mit Ordensschwestern, die sich ihrem Beruf, ihrer Berufung, mit allen Sinnen verpflichtet fühlten. Diese Schwestern nahmen uns, obwohl nicht krank, ohne viele Umstände auf, verpflegten uns und gaben uns Betten für eine Nacht. Wieder erlebten wir ein Zeugnis unprätentiöser Hilfsbereitschaft und Gastlichkeit, wie es vielleicht nur in Krisenzeiten möglich ist. Jedenfalls fühlten wir uns wohl bei den Schwestern von Gerstungen. Wir verließen sie am nächsten Morgen dankbar und gestärkt für einen weiteren und sicherlich anstrengenden Reisetag.

Der begann mit einer freudigen Überraschung. Ein Zug wird fahren! Ein Zug nach Bebra. Wie es dann weitergeht, das werden wir sehen. Und es ging weiter. Zwar per Lkw, oben auf der Ladefläche – aber wir kamen auch nach Kassel. Und wir kamen auch nach Hannover, und von dort nach Bremen – sogar in einem regulären Personenzug. Bremen Hauptbahnhof! Bremen, das Ziel einer sechsmonatigen Odyssee von Ost nach West, durch Eis und Schnee und Angst und immer neuer Hoffnung – dieses Ziel Bremen war jetzt erreicht!

Kein Krieg, kein Frieden

Wenig später schon waren wir in unserem neuen Domizil angekommen. Dr. Walter Frercks und seine Frau Elfriede, Verwandte mütterlicherseits, wohnten am Osterdeich 172 in einem trotz schwerer Bombardements auf Bremen gottlob unzerstörten Reihenhaus. Sie hatten uns seit Monaten erwartet, seit längerem aber keine Nachricht mehr. Tot? Verschleppt? Nun waren wir da, und es galt, sich einzurichten unter den Bedingungen von Enge und mancherlei anderer Entbehrungen. Für niemanden war das angenehm, Lösungen für alltägliche Probleme mußten gesucht und gefunden werden. Und siehe – es ging. Schließlich hatten alle fast sechs Jahre Krieg hinter sich – unsere „Bremer" ihre Erfahrungen mit Fliegeralarm, Luftschutzbunkern und Bombenangriffen, wir mit den singulären Erlebnissen einer Flucht ins Ungewisse. Das stärkt die Kompromißfähigkeit, das macht demütig und offen für die vielen kleinen Fragen des Alltags.

Der Krieg war vorbei. Aber der Frieden hatte noch nicht begonnen. Die Welt fühlte sich plötzlich ganz anders an. Bis gestern noch das Heldentum vor dem Feinde, „draußen" an der Front, ab heute nun eine ganz andere Front, eine Front mitten in Deutschland. Das Land war nicht gespalten. Aber eine Zäsur war unverkennbar. Hier die Masse des Volkes – dort „die anderen". Die, die im Verdacht individueller Schuld standen. Die, die schuldig waren oder sein sollten. Sie wurden nun von den Alliierten gesucht; ihnen sollte nach dem Willen der Sieger, zuletzt im Februar 1945 auf der Konferenz von Jalta beschlossen, der Prozeß gemacht werden. „Entnazifizierung" war das Schlagwort der Stunde, Kriegsverbrecherlisten wurden aufgestellt. Ende 1945 waren bereits 100.000 Personen eingesperrt, ein Jahr später waren es allein in der US-Zone 250.000, die in eigens eingerichteten Camps oder auch ehemaligen Konzentrationslagern zumeist verprügelt, gelegentlich verhört und ohne rechtlichen Beistand bewacht wurden.

Zumeist handelte es sich um Ministerialbeamte, Industrielle, Wissenschaftler, Wirtschaftsführer, Lehrer, Richter, Deutsche Christen, „Junker" und Funktionsträger des Regimes, die nun verurteilt oder „umerzogen" werden sollten[32]. Kam es zu Verfahren, mußte der Beschuldigte beweisen, daß er unschuldig war. Entschieden wurde nach Gesetzen mit rückwirkender Kraft. Die Strafen? Einziehung des Vermögens, Geldstrafen, Arbeitslager,

---

32 Vgl. hierzu z. B. die Berliner Wochenzeitung „Junge Freiheit" in ihrer Ausgabe Nr. 24/05.

Verlust von Rente oder Pension, Aberkennung der bürgerlichen Ehrenrechte usw. Viele aber wurden auch – manchmal erst nach Jahren – mit der Begründung entlassen, ihre Festnahme sei irrtümlich erfolgt. Natürlich war das alles völkerrechtlich nicht gedeckt. Aber wer fragte schon danach?

Andere – wie mein Vater – verfingen sich im Netz der 131 Fragen des Entnazifizierungsfragebogens. Berufsverbot war noch eine milde Form von Strafe. Mein Vater zum Beispiel, verdächtig allein wegen seiner einfachen Mitgliedschaft in der NSDAP seit 1937, mußte in schwindelnder Höhe eine durch Bomben zerstörte Eisenbahnbrücke über die Weser wieder aufbauen – im Winter 1945/46, bei stürmischem Wetter und einer Eisschicht auf den Stahlplatten. Jeden Augenblick konnte er abrutschen und in die Tiefe stürzen Er war diese Arbeit nicht gewöhnt, aber er leistete sie, die Familie mußte ja leben. Sein Fehler: Er war sich keiner Schuld bewußt gewesen und hatte den Fragebogen ehrlich ausgefüllt. Erst nach einigen Monaten wurde er in einem sogenannten „Spruchkammerverfahren" als entlastet eingestuft und damit „freigesprochen".

Aber natürlich gab es auch die, die es schon immer gewußt hatten, die schon immer „dagegen" gewesen waren. Auch sie waren plötzlich da, die Widerständler, die Antifaschisten. Tapfer hatten sie das Regime bekämpft – manche wirklich, bei anderen hatte es niemand bemerkt. Jetzt aber waren sie alle da und forderten Anerkennung. Geld. Privilegien.

Deutschland – ein besiegtes Land. Wir spürten es täglich. Informationen freilich waren rar. Zwar gab es bald die ersten Zeitungen, auch das Radio sendete wieder regelmäßig. Aber wir hatten kein Radio. Und die Zeitungen, immer wieder auf das sehnlichste erwartet, gab es nur an wenigen Stellen und in beschränkter Menge; es war einfach zu wenig Papier vorhanden. Wie zutreffend waren die Nachrichten überhaupt, die uns erreichten? Propaganda der Sieger, Parolen der Antifa, der „besseren" Deutschen, die sich gleichfalls als Sieger fühlten? Zum Beispiel die ersten Berichte über die Konzentrationslager! Niemand wollte sie wahrhaben; wir hielten dies zunächst für einen Propagandatrick der Sieger, um Demut und schlechtes Gewissen zu erzeugen! Unmöglich! Nicht in Deutschland! Aber es gab Bilder. Und lebende Zeugen. Nur langsam, innerlich widerstrebend, nahmen wir Tatsachen an, weil sie sich immer weniger verdrängen ließen. Ähnlich verhielt es sich mit der These von unserer „Befreiung". „Befreit worden" wären wir, so hieß es plötzlich. Dankbar und glücklich müßten wir sein, ein neues, ein demokratisches Leben beginnt jetzt …

Das geschundene Volk wunderte sich. Und hungerte. Und fror erbärmlich in diesem ersten Nachkriegswinter 1945/1946. Dr. Frercks war es dank guter Beziehungen gelungen, eine Baumwurzel zu ergattern. Sie lag fest verwachsen in der Erde des Wallgrabens in Bremen, zwischen Polizeipräsidium und Theater. Diese Wurzel also sollte uns gehören, uns ganz allein. Täglich marschierten wir, mit Spaten, Axt und Säge bewaffnet, zu ihr hin. Sie war unsere Hoffnung und sollte unser Wärmespender werden. So hoch die Motivation, so mühsam die Arbeit. Nur Stückchen für Stückchen konnten wir die einzelnen Wurzeln der Erde entreißen und auf einem Handkarren nach Hause bringen. Das waren immer einige Kilometer Weg, die uns aber nichts ausmachten. Schließlich waren wir froh, wenigstens die Baumwurzel zu haben. Menschen können sich anpassen, gerade in Notzeiten. Und auch dem Erfindungsreichtum tun Notzeiten manchmal gut. Ich zum Beispiel wurde des mühsamen Buddelns in der Bremer Erde bald leid. Es mußte doch andere Möglichkeiten geben, um an eine warme Stube zu kommen! Es gab sie. Zum Beispiel die voll beladenen Güterzüge, die mit der schönsten Anthrazitkohle vom Ruhrgebiet über Bremen nach Dänemark rollten. Reparationen? Egal. Alle Züge mußten über die Weserbrücke, die erst notdürftig repariert war. Das hieß für die Züge: Schrittempo. Das hieß für uns Jungens: Schnell rauf auf die Waggons und blitzschnell Kohle abwerfen! Dicke Brocken Anthrazitkohle, damit es sich lohnte. Und Nerven behalten, während der Zug wieder Fahrt aufnahm. Einen guten Kilometer hatten wir Zeit. Dann kam eine Sandgrube – und der Absprung. Es ging immer gut, und unsere Familien hörten auf zu frieren. Daß wir schließlich mit der Polizei Bekanntschaft machten – das ist wieder eine andere Geschichte.

Nicht Befreiung, sondern Eroberung. Exkurs

So lebten wir denn, „befreit" wie wir waren. „Befreit"! Die Proklamation, die die Anglo-Amerikaner überall im besetzten Deutschland angeschlagen hatten, die hatte ganz anders geklungen: „Die alliierten Streitkräfte haben jetzt Deutschland betreten. Wir kommen als Eroberer." Und damit es nur kein Mißverständnis gab, stellte die Weisung JCS 1067 des Joint Chiefs of Staff an den Oberkommandierenden der US-Besatzungstruppe, General Dwight D. Eisenhower, eindeutig klar: „Deutschland wird nicht besetzt zum Zwecke der Befreiung, sondern als besiegte Feindnation." Heute, gut 60 Jahre danach, sehen führende deutsche Politiker das offenbar anders. Sie sprechen unverdrossen von „Befreiung", wenn sie mit den einstigen Siegermächten den Jahrestag der deutschen Kapitulation feiern. Mangel an historischem Wissen, Verdrängung, Political Correctness?

Ein Name tauchte plötzlich auf – Morgenthau. Henry Morgenthau jr., Finanzminister der Vereinigten Staaten, hatte schon auf der Konferenz von Quebec im September 1944 seinem Präsidenten Roosevelt und den Premierministern Winston Churchill (England) und Mackenzie King (Kanada) einen Plan vorgelegt, der allen Deutschen das Blut in den Adern erstarren ließ: Vernichtung des deutschen Industriepotentials, Umbau des Landes in einen Agrarstaat[33]. Wenn dieser Plan von den westlichen Alliierten auch nicht

---

[33] Dieser Plan, der als „Morgenthau-Plan" bezeichnet wird, wurde durch eine Indiskretion im September 1944 der US-amerikanischen Öffentlichkeit bekannt und in der Folge durch Reichspropagandaminister Goebbels weidlich für Durchhalteparolen genutzt. Nach seinem Ruchbarwerden wurde der Plan noch im selben Monat aufgrund massiver negativer Reaktionen offiziell fallengelassen. Für Morgenthau gab es, wie für US-Präsident Roosevelt auch, keinen Unterschied zwischen Nationalsozialisten und deutschem Volk. Morgenthau erwähnt in diesem Zusammenhang eine Bemerkung Roosevelts vom 19. August 1944: „Wir müssen mit den Deutschen hart sein. Das heißt mit dem deutschen Volk, nicht nur mit den Nazis. Wir müssen sie entweder kastrieren oder so mit ihnen verfahren, daß sie nicht länger Menschen zeugen, die so wie bisher weitermachen." Auf einen ganz anderen Aspekt in diesem Zusammenhang machte der US-Autor George N. Crocker in seinem Buch „Schrittmacher der Sowjets" (dt. Tübingen 1960) aufmerksam: Er verweist darauf, daß ein Mitarbeiter Morgenthaus, nämlich Harry Dexter White, der später als Sowjetagent entlarvt wurde, den Plan ausgearbeitet hatte und behauptet, daß White im Auftrag Moskaus gehandelt habe. Ziel Moskaus soll angeblich gewesen sein, mit diesem Plan die Wirtschaft Westeuropas zu zerstören, um Europa auf diese Weise für den Kommunismus reif zu machen. Vgl. hierzu im Internet den Eintrag „Morgenthauplan" bei Wikipedia: de.wikipedia.org/wiki/Morgenthau-Plan

übernommen wurde, so waberten seine Forderungen und Verirrungen doch durch Konferenzen und politische Entscheidungen. So heißt es im Protokoll der Potsdamer Konferenz (August 1945) in Artikel III:

> So frühzeitig wie nur möglich soll die deutsche Wirtschaft dezentralisiert werden, damit die gegenwärtige überstarke Konzentration wirtschaftlicher Macht ... beendet wird.

Und weiter:

> Bei der Organisierung der deutschen Wirtschaft soll vor allem die Entwicklung der Landwirtschaft und friedlichen Heimarbeit gefördert werden.

Das war schon eine verblüffende Logik: Deutschland sollte Agrarland werden, während ihm gleichzeitig die wertvollsten Agrargebiete im Osten geraubt und deren Bewohner in das übervölkerte Rumpfdeutschland verbannt wurden. Überdies wollten die Alliierten darüber wachen, daß der durchschnittliche Lebensstandard in Deutschland den der europäischen Länder nicht übersteigt. Das ging so weit, daß selbst Hilfslieferungen des Internationalen Roten Kreuzes für die hungernde deutsche Bevölkerung erst abgelehnt und dann für viele Monate verzögert wurden. Selbst umfangreiche irische und Schweizer Spenden, ausdrücklich für Deutschland bestimmt, erfuhren dieses Schicksal. Zehntausende von Deutschen, besonders Flüchtlinge und Vertriebene, waren längst verhungert, als die Spenden schließlich freigegeben wurden.

Diese Überlegungen, Entscheidungen und ihre Folgen, die wurden uns freilich erst nach und nach bekannt. In diesen Tagen, in denen es unmittelbar um unser Schicksal ging, waren wir von Informationen weitgehend abgeschnitten. Wir kämpften um unsere bescheidene Existenz. Wir besaßen kein Radio, Zeitungen waren kaum erhältlich – aber in Potsdam wurde Geschichte geschrieben. Unsere Geschichte. Denn damals, in der Zeit vom 17. Juli bis zum 2. August 1945, tagten ja die Siegermächte mit ihren höchsten Vertretern in Potsdam; die Sowjetunion mit Josef Stalin, die USA mit Harry S. Truman, Großbritannien mit Winston Churchill und seinem Nachfolger Clement Atlee, Frankreich war nicht dabei, Deutschland auch nicht. Um Deutschland aber ging es ganz entscheidend – um seine Entnazifizierung, seine Entmilitarisierung, die Demontage seiner Industrie und anderes mehr. Vor allem ging es um seine Ostgebiete. Um rund 115.000 Quadratkilometer – eine Fläche, die der Belgiens, Hollands und Dänemarks zusammen entspricht. Bleibt sie bei Deutschland? Bei dieser Potsdamer Konferenz ging es um nichts weniger als um unsere Heimat. Es ging um uns. Es war eine Schicksalsfrage. Doch sie verschwand beinahe hinter einer nebelhaften Wahrnehmung. War es die deprimierende Last der Niederlage, Resignation?

Fünfzehn Millionen Deutsche hatten, zumeist unter grausigen Umständen, ihre Heimat in Ostpreußen, Westpreußen, Schlesien, Pommern, Ostbrandenburg und dem Sudetenland verlassen müssen. Verzweifelt hofften sie auf Rückkehr – gegen jede Vernunft? Die Tatsachen schließlich waren vollendet: Vertreibung um jeden Preis; Das Gebiet bis zur Oder-Neiße-Linie von den Sowjets erobert, unter „polnischer Verwaltung", wie es zunächst beschönigend hieß. Die Zustimmung der Westalliierten dafür gab es dann in Potsdam, wenn auch ohne verbindliche Festlegung. Die sollte erst eine künftige Friedenskonferenz treffen. Also blieb die „deutsche Frage" formal „offen", wie es die Politik nannte. Wirklich „offen"? Der Amerikaner Alfred de Zayas beschreibt in seinem Buch „Die Nemesis von Potsdam" freimütig die Stimmung unter Politikern und Diplomaten jener Tage: Ihnen ging es nicht um Gerechtigkeit oder gar Befreiung in Deutschland, sondern um Vergeltung. Wörtlich: „... über eines waren sie sich einig: sie wollten eine fürchterliche Strafe an Deutschland ausüben." Eine Vergeltungsaktion also, in dieser Dimension einmalig in der Weltgeschichte – mitten im 20. Jahrhundert.

Und so kam es. Wir spürten es, wir erlitten es. Wir erlebten es in den Jahren danach. Nichts half. Es halfen keine Proteste gegen diese gewaltsame Annexion der deutschen Ostprovinzen. Es half kein Hinweis auf die Völkerrechtswidrigkeit, und auch unzählige wissenschaftliche Abhandlungen und Gutachten, die die Rechtmäßigkeit der Oder-Neiße-Grenze bestritten, nutzten nichts. Deutschland hatte seine Ostgebiete verloren, endgültig. Das mußte eine spätere Bundesregierung auch formalrechtlich anerkennen. Sonst hätte es die Wiedervereinigung 1990 – die Zusammenführung der BRD und der DDR – nicht gegeben!

Und dann der Nürnberger Prozeß. Sieger urteilten hier über Besiegte. Sie wollten Kriegsverbrechen ahnden – natürlich nur die, die von den Besiegten begangen worden waren. Vom 20. November 1945 bis zum 1. Oktober 1946 wurde also mit großem Aufwand über 23 Angeklagte im Hauptprozeß zu Gericht gesessen. Vertreter der nationalsozialistischen Führung gehörten dazu, des Oberkommandos der Wehrmacht, der Kriegsmarine sowie der deutschen Wirtschaft. Weitere zwölf Prozesse folgten. Allen war eines gemeinsam: der Verstoß gegen fundamentale europäische Rechtsnormen. Will heißen: ein Gericht muß neutral sein – dieses nahm einseitig Partei. Die Angeklagten wurden für Taten bestraft, die zum Zeitpunkt ihres Geschehens nicht unter Strafe standen („Keine Strafe ohne Gesetz"). Eine Berufung war nicht möglich. Und die einseitige Beeinflussung von Zeugen schließlich: auch das kein Ruhmesblatt für das Gericht der Amerikaner, Engländer, Franzosen und Russen. Ja, auch Rußland war beteiligt, sogar Rußland! Ein Regime, das für die Grausamkeiten der Russischen Revolution stand, der „Säuberungen" der 1930er Jahre sowie den zügellosen Mord und Totschlag an Polen, den baltischen Völkern und Deutschen – ausgerechnet dieses Regime als Richter? Nürnberg – eine Verhöhnung des Rechts. Sieg ist Sieg?

Wir erlebten den Prozeß über das Radio. Wir waren irritiert. Wir verstanden die Welt nicht mehr. Natürlich suchten alle nach Gerechtigkeit. Kriegsverbrechen, wer immer sie begangen hatte, sollten gesühnt werden. Alle Kriegsverbrechen. Wer aber entscheidet über Recht und Unrecht? In diesem Falle waren es die Sieger. Sie entschieden nicht nur über Personen. Sie entschieden auch über Organisationen. Können ganze Organisationen „verbrecherisch" sein? Das Nürnberger Tribunal der Sieger bejahte dies. Die spätere Bundesregierung sah das anders. Sie reagierte distanziert. So erklärte sie zum Stichwort „Waffen-SS" im Januar 1961:

> Das Urteil des Internationalen Militärgerichtshofes in Nürnberg vom 1. Oktober 1946, durch das die SS einschließlich der Waffen-SS zu einer verbrecherischen Organisation erklärt worden ist, hat nach dem Recht der Bundesrepublik k e i n e Rechtswirkungen für die ehemaligen Angehörigen der SS und der Waffen-SS. Das Urteil hat nur deklaratorische Bedeutung. Niemand kann auf Grund dieses Urteils wegen seiner bloßen Mitgliedschaft in der SS strafrechtlich verfolgt werden. Eine Strafverfolgung ist nach den in der Bundesrepublik geltenden Gesetzen nur möglich, wenn sich ein Mitglied der SS persönlich einer Straftat schuldig gemacht hat.[34]

Später gab es auch international heftige Kritik an „Nürnberg". Mindestens für die zehn zum Tode verurteilten Angeklagten – von den 23 Angeklagten des Hauptprozesses – kam sie zu spät. Sie wurden wenige Tage nach der Verkündung des Urteils gehenkt.

[34] Vgl.: Rose, Olaf/Kosiek, Rolf: Der Grosse Wendig, Bd. 1, Tübingen 2006, S. 477, Faksimile.

Zwei Wirklichkeiten, eine Zukunft

Das alles gehörte zu der Welt, in der wir uns einzurichten begannen. Eine Heimat hatten wir nicht. Eher waren wir Fremde im eigenen Land. Ohne Wurzeln, ohne Geborgenheit. Aber wir resignierten nicht, wir klagten nicht. Es lag gar eine verbreitete Sprachlosigkeit über dem Land, der nicht nur wir zum Opfer fielen. Es ist kaum zu erklären – aber Schicksale von Verwandten, Freunden, Menschen aus der Heimat, sie wurden, wenn überhaupt, nur durch Zufall bekannt, ganz selten durch eigene Recherche. Vielleicht war es eine unbewußte Verdrängung, eine seelische Blockade angesichts erfahrener Grausamkeiten, ein automatischer Seelenschutz, der sich erst später lösen sollte. Für viele zu spät.

Wir mußten und wollten heraus aus der Düsternis. Kurz: Wir überstanden den „kompletten Existenzbruch", wie es der „Der Spiegel" (16/2002) einmal ausdrückte und bemühten uns um den Neuanfang in Bremen. Um Integration und Vergessen. So gut es eben ging. Es gelang. Wenn es auch ein kleines Wunder war.

Und es gab Hilfe von unerwarteter Seite. Die Vereinigten Staaten zeigten plötzlich ihr anderes Gesicht. Morgenthau war, dank öffentlichen Drucks, in Ungnade gefallen. Hilfe entwickelte ein Mann, der ein fähiger Militärstratege im Zweiten Weltkrieg gewesen war und als Außenminister der USA jetzt zu staatsmännischer Form auflief. George C. Marshall „erfand" den Marshall-Plan, das Europäische Wiederaufbau-Programm. Er hatte erkannt, daß Westeuropa sich nicht erholen konnte, wenn in Deutschland ein wirtschaftliches Vakuum herrschte – nach den Verwüstungen durch den Krieg, den gründlichen Demontagen im Sinne Morgenthaus und der Potsdamer Beschlüsse, dem Mangel an Fachkräften (Kriegsgefangenschaft), Unterernährung und Krankheiten. Zwanzig Milliarden US-Dollar an Krediten gab es für Europa, den kleinsten Teil davon (1,3 Milliarden) für Westdeutschland. Die Wirkung – jedenfalls in Deutschland – war überwältigend. Geld wurde in Arbeit verwandelt. Die Wirtschaft sprang an. Und die Bundesrepublik konnte, dankbar für die Hilfe zum puren Überleben, den vollen Betrag schon bald wieder zurückzahlen.

Was immer als Wunder empfunden worden sein mag – gewartet hatten die Menschen darauf nicht. Sie hatten gearbeitet, sich angepaßt, sich umgestellt auf andere Berufe, so sie dem eigenen, angestammten, nicht mehr nachgehen konnten. Neue Bauern, zum Beispiel, wurden ja nicht mehr gebraucht.

Alle haben ganz einfach angepackt – so wie ihre eingesessenen Landsleute im Westen auch. Es war eine große, eine einmalige Leistung von Einheimischen, Flüchtlingen und Vertriebenen gemeinsam, die noch einmal bewährte nationale Tugenden aktivierte, nämlich Fleiß, Disziplin, Eigenverantwortung, Organisationsgabe. Und die schon innerhalb weniger Jahre zu dem führte, was von Zeitzeugen und Historikern später als „Wirtschaftswunder" beschrieben werden sollte.

Es war das Verdienst eines ganzen Volkes. Nicht zuletzt aber war es auch das Verdienst seiner Regierung. Fast zehn Millionen zusätzliche Deutsche hat allein die Bundesrepublik bis 1970 aufgenommen und eingegliedert. Das allein war schon schwer genug. Aber es kam noch mehr dazu, die drohenden Verteilungskonflikte zum Beispiel – und sie wurden ebenfalls geregelt. So stellte die Bundesregierung über 100 Milliarden D-Mark als „Lastenausgleich" und andere Hilfen zur Verfügung. 1950 hatte die Arbeitslosenrate in Deutschland noch bei elf Prozent gelegen – und innerhalb von nur fünf Jahren wandelte sie sich zur Vollbeschäftigung!

Ein Wunder? Eine Leistung! Ein Kraftakt des ganzen Landes, der vergessen machte, daß auch die alteingesessene Bevölkerung die Millionen Flüchtlinge und Vertriebenen nicht gerade mit offenen Armen empfangen hatte, daß sie ihre eigenen Probleme hatte und die neuen Nachbarn häufig nicht als Landsleute begriff, die für den Krieg und seine Folgen – allein schon wegen des Verlustes ihrer Heimat – brutal genug bestraft worden waren. Der Status der Flüchtlinge und Vertriebenen in den ersten Jahren nach dem Kriege ähnelte oft genug eher dem der späteren „Asylanten" – nur mit dem Unterschied, daß man dieselbe Sprache sprach.

Heute ist das ein Kapitel der jüngeren deutschen Geschichte. „Geschichte wiederholt sich nicht", heißt es, „aber sie bestraft denjenigen, der sie nicht kennt." Jetzt kennen wir sie ein wenig besser. Wiederholen, das kann niemand wollen! Und vergessen – vergessen dürfen wir sie schon gar nicht.

Diese Jahre unmittelbar nach Kriegsende – es waren die Jahre bitterer Enttäuschungen, existentieller Not, aber auch verzweifelter Entschlossenheit. Trotzdem: Keine öffentlichen Unruhen im Lande, kein revolutionärer Aufschrei, obwohl doch die sozialen Unterschiede zwischen Einheimischen, Flüchtlingen und Opfern der Bombardements deutscher Städte mehr als bedrückend waren.

Ein Volk in Disziplin, das sich nach der Tragödie des militärischen Zusammenbruchs seiner historischen Tugenden entsann. Das Land hatte größte Probleme. Und dennoch waren es die Jahre der geräuschlosen Integration von Millionen deutscher Flüchtlinge und Vertriebener, Jahre ohne bedrohliche Verteilungskonflikte. Die Welt von morgen allerdings wurde nur schemenhaft sichtbar. Wenn überhaupt.

Das war die eine Wirklichkeit, die öffentliche. Ihren entscheidenden Impuls hatte sie drei Jahre nach Kriegsende erhalten – damals, am 20. Juni 1948. Es war der Tag, an dem ein weithin unbekannter deutscher Wirtschaftsprofessor die Währungsreform eingeführt hatte. Die Reichsmark ging ganz ohne Tränen, die D-Mark wurde hoffnungsvoll empfangen. Vierzig D-Mark Kopfprämie hatte jeder Bürger als Startkapital im Tausch erhalten. Wie lange sollte das reichen? Die Ungewißheit, die uns belastete, war mindestens ebenso groß wie der Glaube, daß es schon seine Richtigkeit haben würde mit dieser Reform. Der Schwarzmarkt mit seiner Tausch- und „Zigarettenwährung", an dem wir Flüchtlinge uns mangels Besitz ohnehin nicht beteiligen konnten, der durfte ja nicht ewig dauern!

In diesen Tagen des Jahres 1948 hielten wir den Atem an. Mir selbst fehlte, 17 Jahre alt und ohne wirtschaftlichen Sachverstand, jegliches Urteilsvermögen. Allein der Glaube an den Professor mit der dicken Zigarre zählte. Ludwig Erhard hieß er, und er reformierte nicht nur die westdeutsche Währung. Er änderte gleichzeitig auch das Wirtschaftssystem, das immer noch kriegsbedingt aus staatlicher Planwirtschaft und damit Verwaltung des Mangels bestand. Vom Wohnungsmarkt bis zum täglichen Essen – fast alles war knapp und wurde „bewirtschaftet". Ein desolater Zustand – bis Ludwig Erhard diese staatliche Zwangsbewirtschaftung kurzerhand aufhob und an ihre Stelle die Soziale Marktwirtschaft setzte. Statt Not und Mangel plötzlich Wettbewerb und Freiheit! Neues Leben in der Wirtschaft! Und welch ein Wunder: gleichsam über Nacht waren die Geschäfte wieder voller Waren. Konsum regte sich. Und schon wenige Monate später war die Wirtschaft angesprungen. Deutschland begann, allmählich wieder Ansehen in der Welt zu gewinnen.

Ganz einfach klingt das, aber das war es nicht. Ohne eine charismatische Persönlichkeit, ohne hohe Kompetenz, vor allem aber – ohne die Zivilcourage eines deutschen Wirtschaftsprofessors wäre dieser schicksalhafte Wechsel schlicht nicht möglich gewesen. Ludwig Erhard hatte vor Einführung der Sozialen Marktwirtschaft nur wenige gefragt. Er hatte keine Kommissionen einberufen, die endlos tagten. Er hatte keine Meinungsumfrage halten lassen und keine Beratungsgesellschaft bemüht. Er hat nicht einmal Lucius D. Clay, den Oberbefehlshaber der US-Besatzungsmacht, gefragt. Der erfuhr erst einen Tag später von Erhards richtungweisender Entscheidung und stellte ihn erbost zur Rede:

> Clay: „Wie kommen Sie dazu, einfach die Regeln zu verändern, und noch dazu ohne Absprache?"
>
> Erhard: „Ich habe die Regeln nicht verändert. Ich habe sie abgeschafft."

Die Eltern Magda und Max Radtke mit ihren Söhnen Gerd und Lutz um 1948 in Bremen

Clay: „Meine Fachleute sagen, das ist ein Fehler!"
Erhard: „Meine Fachleute sagen das auch!"[35]

Trotziger Mut. Erhard wurde nicht abberufen. Er blieb, was er war, nämlich Direktor der Verwaltung für Wirtschaft des Vereinigten Wirtschaftsgebietes, so sein etwas sperriger offizieller Titel. Sollte heißen: verantwortlich für die Wirtschaftspolitik in den westlichen Besatzungszonen. Erst ein Jahr später gab es die erste frei gewählte (west)deutsche Bundesregierung nach dem Kriege. Konrad Adenauer wurde Kanzler, Ludwig Erhard der erste Wirtschaftsminister der neu entstandenen Bundesrepublik Deutschland.

Wir lebten wieder. Wir staunten. Nicht nur ich, wir alle erfuhren zum ersten Mal, was Freiheit, hier: Freiheit der Wirtschaft, wirklich hieß.

Neun Jahre ging das gut. Dann die erste Friktion, von manchen auch als Beginn des heutigen deutschen Dilemmas angesehen. Konrad Adenauer führte die junge Bundesrepublik, und 1957 standen Wahlen an. Natürlich wollte er sie gewinnen. So wurde denn das größte sozialpolitische Paket geschnürt, gegen den Willen von Ludwig Erhard übrigens, das jemals in Deutschland geschnürt worden war – die neue Rentenformel. Gleich um 60 Prozent stiegen die Renten von 1957 auf 1958, bis 1968 gar um 110 Prozent. Welche Freude bei allen Rentnern, die das Geld doch so gut gebrau-

35 Vgl. hierzu: „Der Spiegel", 9. September 1953, 37/53, S. 11–17.

chen konnten! Leider wurde in der Freude des Aufschwungs (und des Wahlsiegs) übersehen, daß solch hoffnungsvolle Zahlungsversprechen auch durch eine nachhaltige Wirtschaftsentwicklung begründet sein müssen. Und eben das waren sie nicht. Die Finanzierung des Sozialstaates wurde von der wirtschaftlichen Entwicklungsfähigkeit des Landes abgekoppelt. Heute ist schon jedes deutsche Baby, wenn es gerade seinen ersten Schrei tut, mit 18.000 Euro verschuldet. Und wir alle zusammen wälzen 1,5 Billionen Euro – wie viele Nullen sind das eigentlich? – Staatsschulden auf die nachfolgenden Generationen ab. Auch die werden sie nicht bezahlen wollen bzw. können. Und dann?

So war das nun mit der einen Wirklichkeit. Aber wie war es mit der anderen, der eigenen?

Die Welt war nicht mehr die, in die ich hineingeboren wurde. Sie war eine andere geworden, eine fremde. Statt Deutsch-Eylau, der vertrauten Kleinstadt, jetzt Bremen, die für mich noch unpersönliche Großstadt mit dem Hafen zur Welt. Statt alter Freunde neue Freundschaften, die sich freilich erst langsam entwickelten. Manchmal sehnte ich mich zurück in die ostpreußische Heimat, die keine tausend Kilometer entfernt und doch so unerreichbar war. Noch glaubten wir an eine Rückkehr. Aber dieser Glaube schwand mit jedem Jahr mehr. Die alte Heimat hatten wir verloren, eine neue noch nicht gefunden. Bitter war das, beim Nachdenken. Die Gegenwart in Bremen ließ mir allerdings wenig Zeit dafür. Vielleicht wollte ich auch gar nicht viel nach-

Die „Gartenstadt Kattenesch“ bei Bremen entsteht – eine neue Heimat für 2.000 Flüchtlinge und Evakuierte. Initiator der Gesamtplanung ist, Max Radtke, Vorstandsmitglied der 1948 gegründeten Gemeinnützigen Bau- und Siedlungsgesellschaft „Selbsthilfe“.

Meine Mutter Magda Radtke um 1948 in Bremen

denken, es gab einen instinktiven Widerstand. Irgend etwas und hoffentlich Gutes würde die Zukunft schon bringen. So unbestimmt das auch war, etwas Trost brachte es trotzdem.

Es war nicht die Zeit für Gefühle. Es war die Zeit des Anfangs. Überall Anfang. Zum Beispiel – mit Steinen. Vor mir lag in diesem Moment des Jahres 1948 ein Haufen Steine. Ludwig Erhard reformierte Währung und Wirtschaftssystem unseres Landes. Ich klopfte Steine. Ich saß draußen, auf einem Grundstück im Vorort Oberneuland, und klopfte, hämmerte, zerschlug und sortierte. Die Steine waren Ziegel, nichts als Ziegel. Ziegel voller Mörtel, manchmal ganze Klumpen von Ziegeln bzw. Mauerstücken. Ich versuchte, was ihre Form und Verwendbarkeit anbetrifft, aus alten Ziegeln neue Ziegel zu machen. Je mehr Zement im Mörtel war – das hatte ich schnell gelernt – je stärker hielten sie zusammen, um so anstrengender war die Arbeit. Wo mehr Kalk vermischt war, ging es leichter. Ich suchte immer nach Steinen mit dem Kalkmörtel. Die Beine taten mir weh, der Rücken auch. Natürlich: Aller Anfang ist schwer. Aber ich hatte keine Lust auf Steineklopfen.

Was half es? Mein Vater war es, der mich an diese Arbeit gesetzt hatte. Jeden Tag, immer nach der Schule. Wir brauchten diese alten Ziegel, auch wenn sie noch so fest miteinander verbunden waren. Schließlich bauten wir ein Haus, neue Ziegel waren teuer, und ich fragte mich ohnehin, wie mein Vater das schaffen konnte: ein Haus für die Familie zu bauen, es zu finanzieren – und das im Jahre 1948, nur wenige Jahre nach dem Totalverlust unserer Heimat.

Sein Mut und seine Tatkraft waren ungebrochen. Er stand für eine ganze Generation, die man später die „Aufbaugeneration" nennen sollte. In ihm verschmolzen waren die Erfahrungen zweier Weltkriege, die erfolgreichen Jahre als Stadtbaumeister in Deutsch-Eylau, die Bitternis zweier Niederlagen und der Kampf ums Überleben in tiefer Bedrängnis. Er war ein Vorbild.

Auch meine Mutter leistete unermüdlich ihren Beitrag. Gerade erst war sie von einer schweren, bis dahin unbekannten Krankheit genesen: wochenlanges hohes Fieber, große Sorge der Ärzte im Bremer St. Joseph-Hospital und deren verzweifeltes Bemühen um neue Medikamente, die dann zum Glück in letzter Minute aus den USA eintrafen. Dann aber versorgte sie uns bestens auf der Baustelle, die entfernt und nur nach mehrmaligem Umsteigen mit Straßenbahnen und Bus zu erreichen war. Ja, die Familie hielt sie auch unter diesen erschwerten Bedingungen so in Ordnung, wie sie das immer getan hatte. Bruder Gerd, inzwischen gute drei Jahre alt, erfreute sich derweil der „Gnade der späten Geburt". Steineklopfen, nein, das brauchte er nicht.

Seit 1946 war ich wieder zur Schule gegangen. Mehr als ein Jahr hatte ich, von Wickersdorf abgesehen, das eher ein Intermezzo war, keine Schule mehr von innen gesehen. Jetzt versuchte ich in Bremen Anschluß zu finden. Schon der Weg zur Schule erwies sich als etwas holprig: erst dreißig Minuten Fußweg, dann zwanzig Minuten Straßenbahn, umsteigen, warten, wieder Straßenbahn. Klagen? Bewahre, nein. Ein kleines Wunder war, daß die Straßenbahn überhaupt fuhr. Denn wie hatte es ausgesehen, als wir 1945 nach Bremen kamen? Schutt zerstörter Häuser auf Straßen und Schienen, Oberleitungen nicht mehr vorhanden. Unvorstellbar, wie und wann überhaupt wieder ein öffentlicher Verkehr zustande kommen könnte! Doch er kam. Er kam schneller als gedacht. Schon nach wenigen Wochen fuhren sie wieder, die Straßenbahnen in Bremen. Nicht überall, gewiß. Aber doch auf den wesentlichen Strecken. Welch eine Leistung in Organisation und Aufbau!

Und dann die Schulbücher, die es nicht gab. Oder die verboten waren. Oder die Schreibhefte, die wir nicht hatten. Oder die Lehrer, die sich in Alte Geschichte flüchteten, weil doch Unterricht über die jüngste Vergangenheit leicht zu „Komplikationen" führen konnte. Was war schließlich geschichtliche Wahrheit in einer Zeit, in der beinahe täglich neue Enthüllungen geliefert, Verbrechen und kollektives Versagen einer Gesellschaft angeprangert wurden, die irritiert den nächsten Tag erwartete?

Unsere Geschichtslektionen hielten sich also in engen Grenzen. Aber wir lernten Latein, Deutsch und Englisch; Mathematik und Physik waren politisch ohnehin unverdächtig. Die Lehrer hielten sich mit Meinungen zurück, sie wollten nirgendwo anstoßen oder gar ihre Existenz gefährden. Denn jetzt hatten Spruchkammern Konjunktur. Zwar war das Wort „Berufsverbot" in diesem Sinne noch nicht erfunden, die Bedrohung, die es verhieß, aber real.

Unmerklich fast begann die „Umerziehung", sprich: die Re-education, die in den folgenden Jahrzehnten als Political Correctness so viel Einfluß auf das Meinungsklima in Deutschland gewinnen sollte.

Abwechslung gab es wenig. Aber ich war neugierig. Und so las ich Bücher, wohl auch in Ermangelung anderer Ablenkungen. Ich las querbeet: klassische Literatur, Geschichte, Politik. Ich las Clausewitz und Goethe, Hermann Bahr und Arno Holz und Ernest Hemingway und versuchte mich sogar – leider vergeblich – an meinem Landsmann, dem großen Philosophen Immanuel Kant. Eine stille und gleichzeitig aufregende Zeit war das.

1950 das Abitur. Ein wichtiger Abschnitt war erreicht. Aber was dann? Ein Studium schied aus, denn wir hatten kaum Geld. Journalist wäre ich gern geworden, aber mein Traumjob war besetzt: Chefredakteur des Hamburger Magazins „Der Spiegel" war nämlich schon ein anderer. Und meine Eltern, solidem ostpreußischem Bürgertum entstammend, waren sowieso für etwas „Bürgerliches", „Solides". Wie sollte meine Zukunft jetzt aussehen? Was also sollte ich tun?

Schließlich war alles ganz einfach und unprätentiös. Ich ging zum Arbeitsamt in Bremen. „Warum wollen Sie nicht Kaufmann werden?" wurde ich dort gefragt. Bremen ist groß geworden durch Kaufleute. Da gibt es sicher Möglichkeiten, wenn es sie denn gibt. Auch 1950 waren Stellen rar, die Arbeitslosigkeit hoch: mit 11 Prozent so hoch wie 50 Jahre später auch. Kaum Lehrstellen. Nur, daß die Öffentlichkeit 1950 so gut wie keinerlei Anteil an der Ausbildung junger Menschen nahm. Das kam erst später.

Ich war auf mich allein gestellt. Sie müssen es einfach versuchen, sagten die auf dem Arbeitsamt. Vielleicht haben Sie ja Glück! Also versuchte ich es. Nur eine oder zwei Adressen gaben sie mir, und ich machte mich auf den Weg zu M. Andreae & Co. – Wollimport und Schiffahrt zu Bremen. Eine kleine Firma war das, drei Chefs, vier Angestellte, ein Lehrling. Sie empfingen mich freundlich, betrachteten die Schulzeugnisse eher beiläufig, und stellten mich tatsächlich als zweiten Lehrling ein. Im ersten Lehrjahr sollte es 30 D-Mark im Monat geben, im zweiten 40 D-Mark, und im dritten 50 D-Mark. Doch egal, wie viel oder wie wenig: Ich hatte einen Arbeitsplatz! Meinen ersten im Leben …

Meine finanzielle Karriere begann im dritten oder vierten Monat. Ich bekam – welch Überraschung! – 50 D-Mark. Im nächsten Monat bekam ich 75 D-Mark, und nach weniger als einem Jahr war mein Monatseinkommen gar auf 100 D-Mark gestiegen! Das war großartig, aber pure Großzügigkeit von M. Andreae & Co. war es denn auch wieder nicht. Denn neben den üblichen Arbeiten eines Lehrlings, wie Brötchen holen, Ablage machen etc., wurde ich ziemlich schnell mit anderen Aufgaben betraut. Immer dann jedenfalls, wenn die drei Chefs nicht verfügbar waren. Das passierte oft. Der

Der Autor Lutz Radtke um 1950

Senior zum Beispiel bekleidete noch das wichtige Amt des Bürgermeisters einer niedersächsischen Nachbarstadt. Dessen Schwiegersohn, ebenfalls Chef, war hoch dekorierter Kommandant eines Kriegsschiffes gewesen und liebte den regelmäßigen Umtrunk mit den überlebenden Kameraden der U-Boot-Flotte. Und der dritte, der eigentlich operative Chef, war viel auf Reisen. Natürlich eröffnete dies Chancen für einen motivierten Lehrling wie mich. Die Buchhaltung übernehmen zum Beispiel, wenn der Buchhalter krank oder in Urlaub war; Importformalitäten erledigen, wenn ein Schiff mit Rohwolle eingetroffen war, deren Finanzierung mit der Bank regeln und ähnliches mehr. Learning by doing: Ich lernte verhandeln, Berichte schreiben, Bilanzen vorbereiten – und trinken. In einem Hafen gehört das einfach dazu. Meine Begeisterung für das Trinken hielt sich allerdings, besonders nach eher ungemütlichen Erfahrungen, in ziemlich engen Grenzen.

Die Erziehung zu Disziplin und selbstständigem Handeln – sie kam praktisch von allein. Einiges war wohl auch angeboren. Schließlich hatte ich schon als Kind arbeiten müssen – nichts unbedingt Großes, aber häuslicher Garten, alle möglichen Handreichungen und der Umgang mit Pferden, Kühen und den Erntewagen auf den masurischen Bauernhöfen, das war mir sehr geläufig und in schönster Erinnerung. Es war schon damals eine Zeit der Pflichten und Freuden.

Nach Ende dieser Lehrzeit und einer zweijährigen Verkaufspraxis bei der Textilindustrie in Süddeutschland kam schon mein nächster Job, der zu dem ersten größeren im Leben werden sollte, wenn er auch ganz klein begonnen hatte. Die Farbenfabriken Bayer in Leverkusen suchten für ihre Chemiefaser-Sparte junge Leute – und sie fanden mich. Voller Stolz und Tatendrang erschien ich pünktlich an meinem neuen Arbeitsplatz, aber der war gar nicht vorhanden! Nach einigem Suchen fand sich zwar ein Stuhl, der neben den Schreibtisch eines etwas älteren Mitarbeiters gestellt wurde. Aber ein Arbeitsplatz, gar eine neue Aufgabe? Mitnichten. Schnell zeigte sich, daß ich nur als eine Art „Vorratskauf", noch dazu preiswert erworben, dienen sollte. Welch eine Enttäuschung! Lange freilich hielt sie nicht an. Denn bald hatte ich doch einen eigenen Schreibtisch, der zwischen vielen anderen Schreibtischen stand. Ich hatte sogar ein eigenes Telefon – aber immer noch keine eigene Aufgabe. Ein „Vorrat" eben. Ich hatte Zeit, mit großer Bewunderung einem meiner neuen Chefs zu lauschen, wenn der locker telefonierte – und das sogar mit dem Ausland! Wie aufregend! Mit Brüssel! Vielleicht, dachte ich, vielleicht bist du ja doch in der richtigen Firma?

Ich war es. Und während sich in Deutschland die Wirtschaft so zu entwickeln begann, daß später von einem „Wunder" die Rede sein sollte, wuchs auch meine eigene Wirklichkeit zu ersten Höhen. Ich wurde schon bald verantwortlich für das Perlon-Faser-Geschäft in Deutschland, dann für Dralon, damals der größte Wachstumsträger. Und schließlich stellvertretender Marketingchef der Sparte. Eine tolle Zeit, eine tolle Mannschaft. Die Arbeit brachte Freude. Niemand von uns, einer überwiegend jungen Mannschaft, hatte dieses Geschäft wirklich gelernt. Lehrbücher konnten nicht helfen, es gab auch keine, jedenfalls keine brauchbaren. Auch Seminare oder passende Studiengänge existierten nicht. Wir hätten sowieso keine Zeit dafür gehabt. Aber Amerika existierte, der große, entwickelte Markt und seine Avantgarde im Marketing. Das lockte – auch mich. Also suchte ich „vor Ort" nach neuen Erkenntnissen. Wo waren die US-Amerikaner besser? So sehr mich auch das Land faszinierte – verstecken, das erkannte ich schnell, brauchten wir Bayer-Leute uns nicht. Unsere befürchteten Theoriedefizite im Marketing wurden durch die sehr lebendigen Praxiserfahrungen mehr als ausgeglichen. Und die Arbeitsmotivation, die Mischung aus Pflichten und Freuden, tat ihr übriges …

Die Volumina wuchsen und die Gewinne auch. Selbst das karge Anfangsgehalt hatte sich auf angenehme Weise verändert. Schließlich war ich eines Tages der jüngste Prokurist, den Bayer damals hatte. Und Prokuristen waren – jedenfalls „beim Bayer", wie es im Volksmund hieß – ein knappes Gut, das es zu pflegen galt.

Viele schöne Jahre ging das so. Ich fühlte mich frei – in Verantwortung und Risiko. Dann kam ein neuer Vorstand. Neue Vorstände sehen die Arbeitsweise manchmal anders, sie sind außerdem unantastbar und haben immer recht. Das gefiel mir zwar nicht, denn die großartige Arbeitsatmosphäre war nun vorbei. Aber es imponierte mir. So sehr, daß es einen starken Wunsch in mir weckte …

Kein Jahr später, und es hatte sich auf wundersame Weise gefügt: Ich war nun selbst Vorstand. Die Veith Pirelli AG (Slogan: „Die Beine Ihres Autos") brauchte einen neuen Chef für Marketing und Vertrieb – und wir paßten zusammen. Zwar verstand ich nichts von Reifen, um die es hier ging. Aber dieses Know-how war im Unternehmen reichlich vorhanden. Meine neuen Kollegen im Vorstand und natürlich der Aufsichtsrat erwarteten anderes von mir: neue Methoden im Vertrieb, Innovationen im Marketing, höhere Marktanteile ohne Gewinneinbußen und derlei mehr. Warum auch nicht?

Wir waren in den 1970er Jahren. Krieg und Nachkriegszeit gehörten zwar der Vergangenheit an. Aber Deutschland war in drei Teile zerbrochen. Der Osten jenseits von Oder und Neiße stand unter russischer bzw. polnischer Kontrolle. An eine Rückkehr in die Heimat – eine Hoffnung, die immer mehr zur Illusion wurde – war nicht zu denken. Mitteldeutschland stöhnte unter kommunistischer Diktatur. Der Westen dagegen, die Bundesrepublik, war voll dem Aufstieg und der „Westintegration" hingegeben. So war auch ich letztlich auf meinen herausfordernden Beruf fixiert. Unsere Augen bei Pirelli blickten auf Wettbewerb, genauer: auf den Verdrängungswettbewerb, auf internationale Märkte und auf die Kosten. Die Arbeitskosten stiegen und damit auch der Preisdruck. Achtundsechzig verschiedene Reifenmarken zählten wir damals, die auf dem hart umkämpften deutschen Markt miteinander konkurrierten, Reifen aus fast allen Teilen der Welt. Alle sahen sich äußerlich ähnlich – rund und schwarz eben. Unterschiede im „Innenleben", in Technologie und Fertigungsweise, waren von außen ja nicht sichtbar. Erkennbar aber war der Preis, und der lag bei vielen Importen oft nur auf der Hälfte unseres deutschen Preises.

Aber wozu gab es Marketing, verstanden als die Gesamtleistung eines Unternehmens? Wir setzten auf beides, nämlich auf Technologie und Marketing – und auf Breitreifen. Und siehe, es funktionierte. Es funktionierte sogar sehr gut und trug uns auch über schwierige Wirtschaftsjahre mit wachsendem Erfolg hinweg. Zugegeben, ein bißchen stolz machte uns das schon. Uns, den Vorstand, aber auch den Betriebsrat und all unsere Mitarbeiter. Die emotionale Zusammengehörigkeit ist wichtig für den Unternehmenserfolg, ein „hire and fire" auch bei unseren hohen Ansprüchen, das gab es nicht. „Pflichten und Freuden" war auch hier das Motto – wie bei Bayer in Leverkusen, wie in meinem Leben überhaupt. So war ich, trotz Heimatverlust, doch zufrieden.

Ja, es wird immer etwas geben, wofür es der Mühe wert sein wird, zu leben, wußte schon der irische Schriftsteller George Bernhard Shaw. Meine

Wirklichkeit – gemessen an der Vergangenheit – war Glück. Glück ist auch, wenn eine günstige Gelegenheit auf besondere Bereitschaft trifft. Und diese Bereitschaft war eben da. Es mag ja sein, daß sie schlicht aus Not entstand, aus dem Zwang, Widerständen zum Trotz zu überleben. Wer kann sich die Bedingungen seines Lebens wirklich aussuchen? Also wieder: Glück. Ich hatte es nicht allein auf der Flucht gehabt. Nicht allein im Beruf. Ich hatte es in all der Zeit mit der Familie, mit meiner Frau Margot, die immer an meiner Seite war und mich immer unterstützt hat. Eine starke Persönlichkeit war sie, fröhlich und optimistisch, eine rheinische Ostpreußin, mit ihren Kindern, die, engagiert und stets dem Leben zugewandt, inzwischen eigene glückliche Familien haben.

Bleibt man, der man war? Von den Erlebnissen des Krieges zu den Segnungen eines über Jahrzehnte anhaltenden Friedens – wie sehr verwandelt sich da ein Mensch? „Die Zeit verwandelt uns nicht, sie entfaltet uns", meinte Max Frisch. Gut. Aber bei aller Entwicklung oder Entfaltung wird man nie seine Wurzeln vergessen können – und dürfen. Diese bleiben. Sie inspirieren das Erinnern und machen immer wieder auf das längst Vergangene neugierig – auch auf das, was in meiner Jugend prägend war. Ich wollte noch einmal zurück – nach Deutsch-Eylau.

Iława

Sechzig Jahre später. Der Grenzübergang Frankfurt/Oder an einem sonnigen Montag im August 2005. Vielleicht zwanzig, dreißig Fahrzeuge, die nach Osten wollen, hinein nach Polen – so, wie wir auch. Wir, das sind Schwiegertochter Sigrid, Sohn Klaus und die beiden Enkel Florian (15) und Felix, genannt „Mäxchen“ (13). Wir wollen nach Iława, das einmal Deutsch-Eylau geheißen hatte und meine Heimatstadt war. Doch das war lange her.

Unsere Gefühle sind gemischt. Florian und Mäxchen freuen sich auf ein Abenteuer. Für sie ist Polen ein fernes, fremdes Land. Wo es liegt, das wissen sie natürlich: irgendwo im Osten Europas. Und daß dort offensichtlich gerne Autos gestohlen werden, war schließlich häufiger Gesprächsstoff. Aber was ist mit Essen, Trinken, Schlafen? Andererseits: Ganz schlimm kann es wohl auch nicht werden. Schließlich gibt es viele Polen in Deutschland, die für wenig Geld gute Arbeit leisten. Und erst die jungen polnischen Frauen! Ohne sie würde sich so manche deutsche Familie mit alten bzw. pflegebedürftigen Menschen wohl ziemlich verlassen vorkommen. Außerdem ist Polen Mitglied der Europäischen Union. Also?

Sohn Klaus (2. von links) und die Enkel Felix und Florian (rechts) sowie Schwiegertochter Sigrid Radtke

Die Geschichte dieses Landes, zum überwiegenden Teil mit der deutschen Geschichte eng verbunden, war beiden Enkeln ziemlich unbekannt. Gewiß, sie wußten manches aus Erzählungen in der Familie – über Krieg und Vertreibung und andere schlimme Taten. Wir hatten ihnen auch den Deutschen Ritterorden nahegebracht, warum er nach Osten gerufen worden war, und was er dort tat. Ein gutes Stück preußischer Historie hatten sie sich auch schon angeeignet, über die Lektüre spannender Bücher und Diskussionen innerhalb der Familie. Aber jetzt, die Reise nach Polen, das war doch etwas anderes. Das war „Geschichte live“ – oder sollte es doch werden. Das Leben im Osten, die Menschen dort, ihre Mentalität, vielleicht gar Aggressivität, ihre Verhaltensweisen überhaupt, alles – das versprach Spannung. Neuland. Vielleicht Abenteuer.

Bereit zum Lernen waren auch wir, die Älteren. Was hatten wir nicht alles im Vorfeld gehört: schlechte, häufig überfüllte Straßen, Kriminalität, kaum Service. Rückständigkeit weit verbreitet. Und die Sprache! Wer spricht überhaupt noch – oder wieder? – deutsch in Polen?

Gemischte Gefühle also. Ungewißheit. Zweifel. Was mag uns in Polen wohl erwarten?

Dennoch: Wir wollten es unbedingt. Wir wollten nach Deutsch-Eylau oder Iława! Wir wollten auch nach Masuren, wir wollten nach Danzig. Wir wollten selber sehen, fühlen, schmecken, erleben, wie es dort „so ist“, in Polen. Dort,

Was erwartet uns wohl in Polen? Der Autor mit seiner Schwiegertochter Sigrid

1975: Erster Besuch in der alten Heimat mit meiner Frau Margot

wo vor sechzig Jahren noch mein Elternhaus war, meine Kindheit und der plötzliche Schock des „Nächtlichen Aufbruchs". Wir alle fünf wollten es, wenngleich wohl mit unterschiedlicher Intensität. Mein Sohn, meine Schwiegertochter und die Kinder – sie haben schließlich eine West-Biographie. „Der Osten", der blieb weit weg, der war terra incognita. Durch unsere Familie und ihre Herkunft sind sie vielleicht etwas „aufgeklärter" als andere, offener für die Welt im Osten. Aber die Prägungen bleiben doch andere.

Polen empfängt uns freundlich. Die Sonne scheint. Die E 30, sauber, gut ausgebaut, führt direkt nach Osten, nach Schwiebus und weiter nach Posen. Viele Lkws waren in beiden Richtungen unterwegs, die Städte und Abzweigungen gut beschildert. Wir kommen zügig voran mit unserem Lkw-ähnlichen Gefährt, einem in Ehren gealterten Ford Transit. Mehr als 100.000 Kilometer hat er schon hinter sich, die Federung ist auch nicht mehr ganz von heute, und in der Lautstärke des Dieselmotors will er sich von niemandem übertreffen lassen. Aber er hat Platz für uns alle, Platz für das Gepäck. Und das wichtigste: Polnische Autodiebe dürften ihn kaum auf ihrer Favoritenliste haben. Ein Freund hatte uns den Wagen zur Verfügung gestellt, ihn zuvor noch in Topform gebracht und uns mit allen guten Wünschen auf die Reise geschickt. Und da waren wir nun.

Über Gnesen geht es weiter nach Bromberg, das wir am Nachmittag erreichen. Wunderschön die Innenstadt, herrlich restauriert, ein Kleinod des

Auf der Suche nach Spuren. Von hier fuhr im Januar 1945 der Güterzug mit unbekanntem Ziel in Richtung Westen ab.

Städtebaus. Nichts erinnert mehr an die Grausamkeiten aus dem September 1939, Menschen beim Einkaufen und in den Cafés, viele Baustellen. Wohl deshalb auch haben wir uns verfahren und versuchen nun, uns mitten im Gewirr von Einbahnstraßen neu zu orientieren. Doch so richtig will das nicht gelingen. Ich wende mich deshalb an eine ältere Frau, die ein paar Meter neben unserem Wagen steht. „Bitte, können Sie uns helfen?" Keine Reaktion. Sie konnte nicht, nein, sie wollte nicht. Sie ignoriert mich einfach. Das war schon peinlich. Meine Enkel reagierten erschrocken. „Du hast ihr doch nichts getan …"

Gott sei Dank. Es blieb das erste und einzige Erlebnis dieser Art in Polen! Ein junger Mann, der diese Szene ebenfalls beobachtet hatte, tritt plötzlich auf mich zu. Zuerst erklärt er mir gestenreich den Weg. Dann, als er mein Sprachproblem versteht, verweist er auf sein kleines Auto, steigt ein und fährt los. Wir hinterher. Rechts rum, geradeaus. Über eine große Kreuzung und in den nächsten Kreisverkehr; es war schon verwirrend in dieser „rush hour" am Spätnachmittag. Endlich ein Schild: Grudziadz. Also Graudenz. Dort wollten wir hin. Der junge Mann grüßt und verschwindet im dichten Verkehr. Geld? Nichts davon. Aber unseren freudigen Dank aus dem geöffneten Wagenfenster, den hat er hoffentlich noch wahrgenommen …

Noch 80 Kilometer bis Deutsch-Eylau. Noch 50 Kilometer. Es geht jetzt ganz schnell. Kisjelice, das frühere Freystadt. Die Abzweigung nach Biskupiece, also nach Bischofswerder, dem Geburtsort meines Vaters, dem Ort, in dem die Großeltern ihre Tischlerwerkstatt und die Familie das einzige Sägewerk weit und breit hatten. Vorbei. Nicht mehr lange und wir sind auf der Kreuzung direkt vor Deutsch-Eylau. Links geht es nach Rosenberg, heute Susz. Mein Gott, das war der Fluchtweg in der Nacht. Damals, im Januar 1945 …

Sechzig Jahre und einhundertvierundneunzig Tage später bin ich wieder in Deutsch-Eylau. „Iława" steht jetzt auf dem Ortsschild. Die breite Einfahrt, die alten Lindenbäume links und rechts der Straße – ja, das ist Deutsch-Eylau. Gewiß, das Sägewerk fehlt, Rotkrug hatte es geheißen. Und die Parkstraße, die direkt in den Ort hineinführt, heißt nicht mehr so. Aber meine alte Schule ist noch da, das Hindenburg-Gymnasium, die Brücke, die den Kleinen vom Großen Geserichsee trennt, der kleine Park, die Segler und Angler: ein Panorama des Friedens, aber auch der Veränderung im Bild der ganzen Stadt. Aus Deutsch-Eylau ist Iława geworden.

Jan Czesław und Bogumila Nowak wohnen in der Ul. Mickiewicza 10, einer ruhigen asphaltierten Straße am Südufer des Kleinen Geserichsees. Die Adresse hieß nicht immer so. Früher war es die Wilhelm-Gustloff-Straße mit der Haus-Nr. 30. Das Haus unter der neuen Anschrift aber ist das gleiche wie früher – mein Elternhaus. Es hatte die Brandschatzungen der Roten Armee als eines der wenigen Häuser der Stadt überdauert. Nach unserer Flucht im Januar 1945 hatte es zunächst leer gestanden. Wohl war es geplün-

Lutz Radtke vor der alten Ordenskirche im August 2005

Das Elternhaus im Jahre 2005; äußerlich wenig verändert

dert worden, Möbel zum Beispiel gab es keine mehr, gebrannt hatte es innen auch. Aber das Haus widerstand. Und als – im April 1945 – Jan Czesław Nowak nach Deutsch-Eylau kam, gefiel es ihm auf Anhieb. Hier, so der spontane Entschluß, hier wollte er bleiben! Hier sollte seine Familie leben und glücklich werden. Er kaufte das Haus vom polnischen Staat und renovierte es nach und nach. Dabei stieß er auf Spuren unserer Familie. „Max Radtke" zum Beispiel stand in einem alten Personalausweis, den er auf dem Dachboden fand. Max Radtke, mein Vater! Jan Czesław vermutete sofort den einstigen Besitzer. „Was aus dem wohl geworden sein mag ...?"

Vor diesem Haus stehen wir jetzt. Die Vormittagssonne taucht in ein freundliches Licht, was mir aus dem schwachen, diffusen Schatten der Schneeböen noch in Erinnerung war. Damals, am 20. Januar 1945, nachts gegen 2.00 Uhr, das Herz voller Angst und der kindliche Verstand auf nacktes Überleben konzentriert, war ja keine Zeit geblieben für einen gefühlvollen Abschied; ein Abschied, der sowieso kurzfristig gedacht war und nicht für die Ewigkeit. Inzwischen hatte ich gelernt, mit dieser „Ewigkeit" zu leben. Und sechzig Jahre danach war eben alles anders. Mein Vater – tot. In Frieden gestorben 1975 in Bremen. Meine Mutter – tot. Fern ihrer Heimat gestorben. 1979 in Waldshut. Dafür gab es jetzt meinen Bruder, der sein ursprüngliches Elternhaus nie betreten hatte – Schicksal einer kleinen Familie, wie es tausende andere gegeben hat in diesen bewegten Jahren des 20. Jahrhunderts.

Vor dem einstigen Elternhaus in der Wilhelm-Gustloff-Straße, heute Ul. Mickiewicza. Im Bild: Ehepaar Nowak, die heutigen Besitzer, Schwiegertochter Sigrid, Dolmetscher Schlieske und Enkel Florian

Das Haus in der Ul. Mickiewicza 10 macht einen ordentlichen Eindruck. Wenig scheint sich verändert zu haben. Sogar der hölzerne Gartenzaun, jetzt frisch gestrichen, ist noch der alte. Und wer genau hinsah, konnte sogar noch das kleine, gelbe Emailleschild erkennen, das in Deutsch-Eylau auf die Stelle verwiesen hatte, wo der Wasseranschluß unter der Straße lag. Fast nahtlos, so schien es, hatte nur der Besitzer gewechselt. Die gleiche Lage, nur wenige Meter vom See entfernt. Der gleiche traumhaft schöne Panoramablick auf Rathaus und alte Ordenskirche und die Seepromenade auf der gegenüberliegenden Seite. Das war auch meine Erinnerung. Doch in dieses Bild von Sonne und Friedlichkeit mischte sich ein anderes – das Bild meines Vaters, wie er sich in jener letzten Nacht durch den Schnee kämpfte, wie er über den gefrorenen See zum Rathaus hin- und wieder zurückhetzte, wie er mit dem Ruf „Macht schnell! Die Russen kommen!" das unwiderrufliche Aufbruchsignal für seine Familie gab. Und wie wir beide, mein Vater und ich, erneut über den See hasteten, um „Max", das Pferd, vor den Fluchtwagen zu spannen.

Deutsch-Eylau am 20. Januar 1945. Iława am 3. August 2005. Eine Stadt, zwei Welten. Alte Heimat? Heimat ist dort, wo man verstanden wird, heißt es. Schon sprachlich war das nicht mehr möglich. Und menschlich? Keine Familie mehr, keine Freunde, die Menschen rundum fremd. Wurzeln der

Das Rathaus von Iława, sorgfältig restauriert, im Jahre 2005

Erinnerung sind da, gewiß. Aber der Baum, der ist weg – also weder Schatten noch Schutz und wenig Vertrautheit. Sechzig Jahre sind eine lange Zeit, ein Menschenalter fast, in dem viel geschehen ist. Das muß ich akzeptieren, ohne Ressentiment. Die Uhr eines Lebens läßt sich nicht zurückstellen.

Jan Czesław Nowak und Frau Bogumila haben uns eingeladen. Es gibt Kaffee und Kuchen, wie auch früher üblich in Ostpreußen. „Den Gast schikken die Götter", hatte es immer geheißen. Er war sozusagen heilig. Auch jetzt? Jedenfalls konnten wir uns durchaus wohlfühlen in der Ul. Mickiewicza 10. Sie hatten das Haus innen etwas verändert, ihren Bedürfnissen angepaßt. Gemütlich ist es geblieben. Die fürsorgliche Art der Hausfrau unterstützt diesen Eindruck noch.

Wir versuchen, miteinander ins Gespräch zu kommen, was nicht ganz einfach ist und auch etwas zeitraubend. Nowaks sprechen kein Deutsch, Radtkes kein Polnisch. Aber Herr Schlieske ist da. Herr Schlieske ist Deutscher, er gehört zur deutschen Minderheit in Iława und war – wie sich bald herausstellte – sogar ein alter Schulkamerad von mir. Nicht in derselben Klasse, aber auch auf dem Hindenburg-Gymnasium. Der Krieg und das Chaos der Nachkriegszeit hatten ihn zurück nach Deutsch-Eylau gebracht, wo er sich in schweren Jahren mit den Polen „irgendwie arrangierte". Heute leben sie offenkundig friedlich neben- und miteinander, die Polen und die letzten Deutschen.

Dieser Herr Schlieske also dolmetscht, und unser Gespräch nimmt einen anregenden Verlauf. Gewiß, nicht über alle Themen, die sich zwischen einer polnischen und einer deutschen Familie nun einmal in den Vordergrund drängen, können wir sprechen. Auch die Zeit wird knapp, leider. Deutlich aber wird: Das Schicksal der einen Familie ist kaum von dem Schicksal der anderen Familie zu trennen. Jan Czesław Nowak zum Beispiel kam aus Tarnopol, also dem früheren Osten Polens, nach dem „Westen", nach Deutsch-Eylau. Wir wiederum flohen aus dem Osten Deutschlands in den Westen Deutschlands – wir alle kleine Teilchen eines Geschehens, das Millionen von Menschen zu Flucht, Vertreibung, Deportation und Lagerqualen brachte und als die größte erzwungene Völkerwanderung in der Menschheitsgeschichte gelten muß.

Wer da Schuld hat? Ach ja, wir natürlich, wir Deutschen. Wir sagen es ja selbst. Wir, unsere Politiker, unsere Medien, viele Intellektuelle werden nicht müde, immer wieder Deutschlands Schuld am Beginn sogar zweier Weltkriege zu verkünden – will heißen: die Alleinschuld! Egal, was auch an anderen Einsichten, Argumenten, Quellen, Interpretationen und Meinungen angeboten wird – das Geschichtsbild einer deutschen Funktionselite ist nun einmal auf die Alleinschuld verengt und fixiert, der psychologischen Kriegführung mit ihrer so erfolgreichen und nachhaltigen Re-education und den Nürnberger Prozessen sei Dank! Wie damals seitens der Siegermächte über Deutschland geurteilt wurde, hat sich bis heute als Blaupause für die deutsche Historiographie erhalten. Es dürfte auch noch einige Jahre dauern mit

Die Stadthalle von Deutsch-Eylau/Iława im Jahre 2005. Spuren des Kampfes um die Stadt sind immer noch erkennbar.

diesem Nationalmasochismus. Heute sagt man, daß erst nach drei Generationen, nach etwa 80 Jahren also, mit einem Wandel gerechnet werden könnte. Warten bis zum Jahr 2025? Eine lange Zeit. Aber wenn danach wirklich die Phase deutscher Selbstkasteiung beendet wäre – vielleicht doch eine lohnende Zeit?

„Die Verwaltung deutscher Schuld und die Pflege deutschen Schuldbewußtseins sind ein Herrschaftsinstrument. Es liegt in der Hand aller, die Herrschaft über die Deutschen ausüben wollen, drinnen wie draußen", schrieb Johannes Groß, der bekannte deutsche Publizist einmal. Wenn sie denn kommen sollte, die späte Erkenntnis – die Erlebnisgeneration des 20. Jahrhunderts, die Generation der Flakhelfer, die damals 16 Jahre alt war, sie wird wenig davon profitieren. In ihre Gräber dringt nichts mehr davon.

Wir leben jetzt. Und ganz unabhängig von jeder sachgerechten Argumentation: Es ist einfach unglaubwürdig, unlogisch, unwirklich anzunehmen, ein Volk sei nur aggressiv, nur militant, nur brutal, nur rücksichtslos – und andere seien es nicht. Nur ein Volk – ganz alleine! – soll Kriege angezettelt und unendliche Schuld auf sich geladen haben! Schon ein solcher Gedanke ist unhistorisch, er ist absurd, er ist falsch. „Es gibt keine guten und keine schlechten Völker, es gibt nur gutes und schlechtes Tun", erkannte Papst Johannes Paul II.

Da lohnt es schon, zumindest einen kurzen Blick in die Geschichte zweier Völker zu werfen, die sich räumlich so nah und politisch noch fern sind. Völker, die auf eine gute Nachbarschaft angewiesen sind. Gute Nachbarschaft, im Idealfall gar Freundschaft, bedingt Vertrauen, auch Selbstvertrauen, Ehrlichkeit, Offenheit. Haben wir das? Ist das, was heute „politisch" proklamiert wird, auch Volkes Wille? Gründet es auf Wahrheit? Legt es ein tragfähiges Fundament für die Zukunft?

Es sind drei Ebenen auszumachen, auf denen sich die Beziehungen der Völker zueinander entwickeln. Die erste Ebene ist die politische, staatliche, offizielle. Da ist – ganz natürlich – viel Diplomatie und eben „Politik" im Spiel, Rücksicht nach vielen Seiten. Die zweite Ebene ist die der „Meinungsmacher" und Medien, in der Regel als veröffentlichte Meinung einer „Vierten Gewalt" im Staate gleichzusetzen. Und schließlich die dritte Ebene: das Volk, das ganz gemeine Volk mit seinen Erfahrungen, Erinnerungen, Gefühlen und dem Alltagsverstand von Millionen Menschen. Wie deckungsgleich nun diese Ebenen miteinander operieren – mehr oder weniger deckungsgleich – bestimmt die Tiefenwirkung und Nachhaltigkeit von Politik. Eine Ebene allein bewirkt wenig. Erfolgreiches Staatshandeln setzt also möglichst viel Übereinstimmung zwischen allen drei Ebenen voraus. Dazu wiederum braucht es Vertrauen, Wahrhaftigkeit, Offenheit. Das ist nicht einfach. Denn: „Ein Vakuum, geschaffen durch fehlende Kommunikation, füllt sich in kürzester Zeit mit falscher Darstellung, Gerücht, Geschwätz und Gift", erkannte Cyril Northcote Parkinson. Wer wirklich Zukunft will, wird an solcher Erkenntnis nicht vorbeikommen.

Zur Zukunft gehört auch – Erinnerung. Ohne sie keine Versöhnung. Ein Volk ohne geschichtliche Erinnerung, ich wiederhole es, gleicht einem Baum ohne Wurzeln. Wer diese Wurzeln leugnet, mißachtet, gar der Zerstörung preisgibt, könnte in eine kollektive Neurose geraten. Wenn sich also zwei Völker versöhnen wollen, und das ist ja das Credo der staatlichen Ebene in beiden Ländern, dann darf die Erinnerung nicht relativiert werden. Sie muß vollzogen werden – vollständig und mit allen Konsequenzen. Einfach wird das nicht, denn Tabus, Vorurteile und Klischees müssen weg. Fangen wir damit an?

Polens schwierige Geschichte. Exkurs

Polen hatte, auch aus deutscher Sicht, eine schwierige Geschichte. Und blättert man gar in Meyers Konversationslexikon, so beginnt die seitenlange Erklärung zu „Polen“ mit diesem Satz: „Polen, ehemaliges europäisches Reich, dessen Umfang zu verschiedenen Zeiten ein sehr verschiedener war.“ Na toll. Jedenfalls steht es so im Lexikon des Jahres 1890. Polen hatte seit 1795 aufgehört, als Staat zu existieren, das unruhige Land war einfach auf der politischen Landkarte Europas gelöscht worden. Drei Mächte hatten es geteilt – Rußland, Österreich, Preußen. Seither plagten sie sich mit einer aufmüpfigen Bevölkerung, dem polnischen Adel und der katholischen Kirche. Aufstände blieben aber erfolglos. Rußland operierte mit militärischer Gewalt und Deportationen nach Sibirien, Österreich versuchte es mit weitgehender Autonomie, Preußen wollte, daß aus Polen, die in diesem Staat lebten, zunächst polnisch sprechende Preußen, in der nächsten Generation deutsch sprechende Preußen werden. Der Nutzen allen Tuns blieb zweifelhaft.

Genau 123 Jahre lang ging das so. Dann kam der Erste Weltkrieg und Polen stand unversehens wieder auf der Tagesordnung der europäischen Politik. In Rußland hatte es 1917 die bolschewistische Revolution gegeben. Die Niederlage des preußisch-deutschen Reiches und seines Verbündeten Österreich-Ungarn war unabwendbar geworden – eine neue Ordnung wurde gebraucht. So entstand, gleichsam auf den Trümmern von drei Kaiserreichen, ein neues, unabhängiges Polen. Und wie! Kaum gegründet, übernahm am 11. November 1918 Josef Pilsudski als „Vorläufiger Staatschef“ die Macht in dem bis dahin von deutschen Truppen besetzten Warschau. Weder Staatsform noch Grenzen waren festgelegt. Aber das störte kaum. Denn es gab „Versailles“. Und es gab den unbändigen Nationalismus eines Volkes, das lange auf diesen Moment gewartet hatte. Polen bekam – fast – alles, was es gefordert hatte. Nur jene Gebiete nicht, die Deutschland nicht einfach so genommen wurden, wie Polen das wollte, sondern in denen das Volk über seine zukünftige Staatszugehörigkeit entscheiden sollte. Und das Volk entschied – mit überwältigender Mehrheit für Deutschland.

Das wiederum blieb ein Stachel im polnischen Fleisch. Andererseits: Die Gebiete, die Deutschland genommen worden waren, der Freistaat Danzig, der polnische Korridor mit der Trennung Ostpreußens vom Deutschen

Reich, das Memelland, weite Teile Westpreußens, kohle- und industriereiche Gebiete Schlesiens, und überhaupt die ganze „Folterszene“ (Philipp Scheidemann) der Versailler Vertragsbedingungen erzeugten eine nachhaltige Verbitterung unter der deutschen Bevölkerung. Der deutsche Reichskanzler Philipp Scheidemann (SPD) hatte sich beharrlich geweigert, dieses „Vertrag“ genannte „Diktat von Versailles“ überhaupt zu unterschreiben. Auch sein Außenminister Graf Brockdorff-Rantzau und andere Minister traten zurück. Erst eine neue Regierung unter Gustav Bauer (SPD) beugte sich mit Zustimmung der Nationalversammlung dem erpresserischen Druck. Der Ostpreuße Bauer erklärte am 23. Juni 1919 vor dem deutschen Parlament:

> Unterschreiben wir! Das ist der Vorschlag, den ich Ihnen im Namen des gesamten Kabinetts machen muß. Bedingungslos unterzeichnen! Ich will nichts beschönigen … (Uns) trennt jetzt eine Frist von knappen vier Stunden von der Wiederaufnahme der Feindseligkeiten. Einen neuen Krieg können wir nicht verantworten, selbst wenn wir Waffen hätten. Wir sind wehrlos. Wehrlos, aber nicht ehrlos. Gewiß, die Gegner wollen uns an die Ehre; daran ist kein Zweifel. Aber, daß dieser Versuch der Ehrabschneidung einmal auf die Urheber selbst zurückfallen wird, daß es nicht unsere Ehre ist, die bei dieser Welttragödie zugrunde geht, das ist mein Glaube bis zum letzten Atemzug …[36]

Prophetische Worte eines deutschen Sozialdemokraten. Er unterschrieb unter Protest auch die Behauptung, Deutschland sei alleiniger Urheber des Ersten Weltkrieges und andere Bestimmungen, die von ihm und dem ganzen Volk als unzumutbar empfunden wurden. „Ein Gefühl bitteren Unrechts“, so Sebastian Haffner später, machte sich breit. Der Durchsetzung von Demokratie diente es nicht. Es legte vielmehr den Keim für all das Schreckliche, das dann ab 1939 über Europa hereinbrach.

Auch Rußland litt. Denn Polen eroberte, die militärische Schwäche des sowjetischen Nachbarn nutzend, im Jahr 1920 sogar Kiew, mußte sich wieder zurückziehen und Warschau verteidigen und konnte bei schweren Kämpfen schließlich seine anerkannte Ostgrenze doch noch 150 Kilometer weiter nach Osten verschieben. Ein Handstreich brachte schließlich auch das Gebiet um Wilna, bis dahin zu Litauen gehörig, unter polnische Kontrolle. Freunde fürs Leben konnte sich Polen dadurch nicht schaffen.

Polen hatte nun 27 Millionen Einwohner, von denen jedoch nur 19 Millionen von Hause aus Polnisch sprachen. Ukrainer, Juden, Deutsche, Weißrussen und Litauer zählten zu den größten Minderheiten. Sie waren einer drakonischen Polonisierung unterworfen. Doch so groß die Probleme im Inneren

---

[36] Vgl. hierzu im Internet den Eintrag „Weimarer Nationalversammlung“ bei Wikipedia: de.wikipedia.org/wiki/Weimarer_Nationalversammlung

auch waren – die mit den Nachbarn außen waren nicht geringer. Polen war es gelungen, sich alle Nachbarländer – es ging immer wieder um die Grenzen – zum Feind zu machen, ausgenommen Rumänien und Lettland. Zufrieden mit seinen Grenzen war es dennoch nicht.

Dann betritt Adolf Hitler die politische Bühne. Eines seiner Hauptziele ist die Revision von „Versailles", darunter eine neue Regelung für Danzig und den Korridor. Polen und Deutschland – ihre Interessen in den Jahren bis 1939 konnten gegensätzlicher kaum sein. Wie zwei Züge, die aufeinander zurasen. Die Frage nur: Wann kommt der Crash? Weit und breit kein Stellwerk in Sicht, das die Weichen anders hätte stellen können, keine Macht des Ausgleichs und der höheren Vernunft. Adolf Hitler, fixiert auf die Revision des Versailler Vertrages. England und Frankreich mit der stillen Erkenntnis, in „Versailles" wohl doch nicht alles richtig gemacht zu haben, aber bemüht, Deutschlands wachsende Kraft einzudämmen.

Da begeht Hitler – nach einer Reihe außenpolitischer Erfolge – einen verhängnisvollen Fehler. Im März 1939 läßt er deutsche Truppen in die „Resttschechei" einmarschieren und macht sie zum „Protektorat Böhmen und Mähren". Erstmals ist es kein deutsches Land, das er „heimholt ins Reich", wie es öffentlich heißt. Hitler verstößt gegen das Selbstbestimmungsrecht der Tschechen, er verstößt gegen den ausdrücklichen Willen Englands und Frankreichs – und er bricht sein gegebenes Versprechen! Damit hat er seinen Rubikon überschritten. Die polnische Regierung verkündet noch im März eine Teilmobilmachung und läßt Truppen vor Danzig aufmarschieren. Hitler wiederum läßt den „Fall Weiß"[37] vorbereiten, den Angriff auf Polen. Die Züge rasen immer schneller, der Abstand der Lokomotiven zueinander ist nur noch kurz.

Kein Stellwerk. Keine wie auch immer geartete Vermittlung. Nein, England und Frankreich tun alles, um Polen in seiner Unnachgiebigkeit gegenüber Deutschland zu stärken. Polen fühlt sich sicher. Bis – ja, bis am 1. September 1939 tatsächlich die deutsche Wehrmacht in Polen einmarschiert, am 3. September England und Frankreich Deutschland den Krieg erklären, am 17. September auch die Sowjetunion Polen angreift und Deutschland den Polenkrieg nach nur 18 Tagen siegreich beendet. Polen wird geteilt und besetzt. Für Hitler und Stalin hatte der polnische Staat – wieder einmal – aufgehört zu existieren.

Polen hatte hoch gepokert – und verloren. Deutschland hatte hoch gepokert, gesiegt – und auch verloren. Was nun kam, nur bezogen auf Deutschland und Polen, war schrecklicher als der kurze Krieg selbst. Der Volkstumskampf erreichte eine neue Dimension. Waren es zuvor die Polen gewesen, die zwi-

---

[37] „Fall Weiß" war der Deckname für Hitlers „Weisung Nr. 1 für die Kriegführung", sprich: für den Angriff auf Polen am 1. September 1939.

schen den Weltkriegen Deutsche und andere Minderheiten drangsaliert hatten, so folgte jetzt die bittere Rache. Eine Assimilierung der Polen war nicht erwünscht, galten sie doch – anders als noch in Preußen – als „rassisch minderwertig". „Rassische Flurbereinigung" sollte denn auch die Führungsschicht der Polen ausschalten, die Juden „eliminieren" und die Menschen zu einem reinen Arbeitsvolk machen. Die staatliche Fläche wurde neu geordnet. Millionen Polen kamen zwischen 1939 und 1945 ums Leben. Nach Angaben polnischer Historiker sind 925.000 Polen aus ihren angestammten Siedlungsgebieten vertrieben oder deportiert worden.

Das Pendel der Geschichte aber ist in steter Bewegung. 1945 war es mit dieser Politik vorbei. Die Rote Armee siegte auf breiter Front, ihre Panzer zermalmten, was ihnen vor die Ketten kam. Polens Schicksal wendete sich erneut – doch nicht unbedingt zum Guten. Der Kommunismus war da! Neue Formen der Unterdrückung für das Volk, wirtschaftliche Rückständigkeit, Armut, wohin das Auge sah. Und Haß! Denn jetzt lief sie wieder, die antideutsche Kampagne, wie sie noch aus der Zeit zwischen den Weltkriegen bekannt war. Nur schlimmer, viel schlimmer! Deutsche wurden gejagt, gequält, gemordet, in die Sowjetunion deportiert. Oder vertrieben nach Westen. Mehr als fünf Millionen Deutsche hatten sich im Sommer 1945 noch in den Gebieten östlich von Oder und Neiße befunden, Alte, Frauen und Kinder. Denn fast alle Männer waren gefallen, in Kriegsgefangenschaft oder mittlerweile deportiert worden. Sie alle waren rechtlos – wenn sie denn überlebten.

Seither sind 60 Jahre vergangen. In Polen herrschen wieder Recht und Ordnung. Menschen „wie Du und ich" leben dort, arbeiten, reisen, empfangen Gäste aus anderen Ländern. Da war doch was? Ja, da war was. Aber man spürt – äußerlich zumindest – nichts davon. Mit Jan Czesław und Bogumila Nowak haben wir nicht darüber gesprochen und sie nicht mit uns. Vielleicht werden wir es eines Tages tun, wenn wir mehr für Erinnerung und Versöhnung in unseren Familien und Völkern tun wollen. Ich traue uns zu, daß wir es können – in beiden Familien.

Man spürt von der schrecklichen Vergangenheit auch nichts bei den Deutschen, die noch oder wieder in Polen leben. In Iława sind es 100, in ganz Polen sollen es rund 350.000 Deutsche sein – rund ein Prozent der Bevölkerung. Joachim Salewski ist einer von ihnen. Er ist Vorsitzender der Deutschen Minderheit in Iława und hat ein kleines Büro im Rathaus. Gemütlich ist es dort: Papiere, Akten, Zeitungen auf den Tischen und eine Kaffeemaschine mit appetitlichen Düften. „Radtke? Etwa ein Verwandter des Stadtbaumeisters Radtke?" Ich nicke. „Ja, der Sohn." War das eine Nachricht!

„An Ihren Vater haben wir oft gedacht. Er hat doch so viel geschaffen hier. Auch die Denkmäler. Unser polnischer Bürgermeister, den wir bis vor kurzem hatten, wollte sie wieder restaurieren lassen." Es ist schon ein merkwür-

Die Erde bleibt und die Natur auch – Hoffnung auf Zukunft und Frieden

diges Gefühl, die unverhoffte Begegnung mit diesem kleinen Stückchen Vergangenheit, dem eigenen Vater und der Erinnerung, die er zurückgelassen hat. Auch Joachim Salewski lebt in der Erinnerung. Auf dem Hindenburg-Gymnasium war er gewesen, genau wie ich, nur drei Klassen höher. Damals haben wir uns nicht gekannt, denn Salewski wurde mit 16 Jahren Flakhelfer und kam nach Gotenhafen, dem heutigen Gdingen. Das Kriegsende erwischte ihn irgendwo zwischen der Roten und der britischen Armee, er wußte nicht wohin – und wußte es doch: nach Hause. Das war Deutsch-Eylau, dort vermutete er noch seine Mutter, dorthin schlug er sich durch. Und dort ist er geblieben – bis heute. Auch wir beide werden unser Gespräch fortsetzen, so lange wir das noch können.

Deutsch-Eylau oder Iława: die Stadt am Geserichsee hat viele Jahrhunderte überdauert. Sie hat unzählige Plünderungen erlitten, Kontributionen gezahlt und die Rebellion böhmischer Söldner mit einer Schreckensherrschaft erlebt. Auch die Pest hatte gewütet. Und die Brandschatzung durch die Rote Armee 1945 war nicht die allererste in ihrer Geschichte. Immer war alles in Fluß – und wird es bleiben. „Parteien kommen und gehen. Staatsformen sind dem Wandel unterworfen. Unverändert bleiben nur die Erde und das Volk, das auf ihr sein Schicksal trägt.“ August Winnig sagte das einmal, der frühere Oberpräsident von Ostpreußen.

Das Volk aber sind wir. Deutsche und Polen. Aus den 14.000 deutschen Einwohnern von 1945 sind heute 35.000 polnische und 100 deutsche Einwohner geworden. Für uns Deutsche ist der Verlust der Heimat bitter genug. Aber er ist unumkehrbar. Wenn die Erde bleibt und das Volk wechselt – was trennt uns eigentlich, wenn wir die Wahrheit suchen? Gerade zwei Völker, die in ihrer wechselvollen Geschichte genug gelitten haben, haben sie nicht sogar ein Recht auf Wahrheit – und dadurch auf Zukunft?

Nachwort: Lang ist der Weg zum Frieden

Joachim Salewski ist tot. Er starb, nur wenige Monate nach unserer Begegnung in Iława, an einem Gehirntumor. Unser Gespräch fortsetzen, das geht nun nicht mehr. Auch nicht mit Herrn Schlieske, unserem so hilfsbereiten Dolmetscher in Iława. Ein Gehirnschlag hat ihn getroffen, er ist halbseitig gelähmt und ans Bett gefesselt. Sie beide werden uns nichts mehr berichten können.

Menschen verlassen uns und Quellen versiegen. Menschen, die hätten mitschreiben können an der Geschichte des einst deutschen Ostens im 20. Jahrhundert. Salewski und Schlieske gehören, wie ich selbst auch, zur sogenannten Erlebnisgeneration. Die schmilzt rapide. Gerade 7 Prozent sollen es sein, die heute noch originär berichten können, was damals geschah. Und was geschah, das ist nicht etwa „Schnee von gestern" – obwohl über zwei Drittel der heutigen Deutschen erst nach 1945 geboren wurden. Aber dank der Vermischung von Flüchtlingen/Vertriebenen mit den Alteingesessenen hat sich der Anteil derer, die vom Heimatverlust im Osten persönlich berührt sind, sogar leicht erhöht. Die Kenntnisse über die Regionen im Osten und das wahre Ausmaß der Vertreibungskatastrophe allerdings, diese Kenntnisse sind geringer geworden. Das Institut für Demoskopie in Allensbach hat das herausgefunden. Aber auch, daß immerhin 59 Prozent der Bevölkerung das Thema Vertreibung für aktuell hält. Und 55 Prozent meinen, daß es uns alle angeht, weil es einfach Teil unserer deutschen Geschichte ist. Ein Votum gegen die Political Correctness, gar „Geschichte von unten"?

Ich habe aufgeschrieben, woran ich mich nach langen Jahren erinnerte. Dabei habe ich mich nicht nur auf mich selbst verlassen, sondern auch andere Quellen bemüht. Eine Liste der Bücher, die mir bei dieser Erinnerung geholfen haben, folgt am Ende. Wo ich zitiere, ist es im Text vermerkt. Allein das Lesen in diesen Büchern, die Konfrontation mit dramatischen Ereignissen einer Vergangenheit, die fast begraben schien unter der Last einer aufregenden Gegenwart, allein das hatte für mich einen ungeahnten Wert. Es ließ mich nachdenklicher werden, eine neue Demut vor der Geschichte entdekken, warf aber auch Fragen auf. Zum Beispiel diese: Wo ist eigentlich die Studie über die psychologischen Folgen der Vertreibung? Über die seelischen Narben, die auch die Kinder und Enkel der Vertriebenen davongetragen haben? Und was wurde aus den Hunderttausenden von Frauen, die oft mehrfach vergewaltigt wurden und die ihr Leiden durch das weitere Leben tragen mußten? Die nach der völligen Erniedrigung der gesamten Familie und ihrer persönlichen Demütigung versucht haben, wieder ein „normales" Leben zu führen?

Antworten? Eher wohl Fragen, für deren Beantwortung wir einen längeren Atem brauchen, eine Aufgabe, der wir uns stellen müssen. Lang ist der Weg zum Frieden, auch zum inneren Frieden. Und zu der Erkenntnis, daß Geschichte nicht gerecht ist. Unrecht bleibt oft ungesühnt. Eine solche Erkenntnis aber widerspricht fatal dem spontanen Verlangen nach umfassender Gerechtigkeit. Die aber wird es – Schmerz hin, Unrecht her – auch im Fall der deutschen Geschichte nicht geben. Selbst die Vereinten Nationen – gegründet, um hehre Ziele der Menschheit durchzusetzen – haben zur Vertreibung der Deutschen geschwiegen. Diese Weltgemeinschaft, so der US-Völkerrechtler Alfred M. de Zayas, tut, als ob die Deutschen gar keine Opfer wären. Tut sie es etwa, weil es der Opfer zu viele waren? Weil zu viel Schuld bei den Siegermächten des Zweiten Weltkrieges lag? Alfred de Zayas bemerkte in diesem Zusammenhang:

> In 30 Jahren fortdauernder Forschung und Diskussion ist es mir deutlicher als je zuvor, daß die Vertreibung der Deutschen ein ungeheuerliches Ereignis war, das zweifelsohne zu den schwersten Verbrechen des 20. Jahrhunderts gehört. Eine gründliche Auseinandersetzung mit dem Geschehen ist unausweichlich, eine Aufarbeitung, die vor allem die moralische Dimension berücksichtigen sollte. Heute wissen wir, dass nicht nur die russischen, polnischen und tschechischen Täter Verantwortung tragen, sondern auch die Anglo-Amerikaner, ihre Komplizen.[38]

Es gibt Ereignisse in der Geschichte der Menschheit, an die wir uns auch nach langer Zeit immer wieder erinnern: den Dreißigjährigen Krieg zum Beispiel, die Entdeckung der Neuen Welt oder die Französische Revolution. Wir erinnern uns auch an den Zweiten Weltkrieg und den Holocaust. Aber die Flucht und Vertreibung von 15 Millionen Deutschen? Die Millionen Toten und Geschändeten? Auch nach mehr als 60 Jahren gibt es keine zentrale Stätte der Erinnerung und der Trauer. Das „Zentrum gegen Vertreibungen", wie es der Bund der Vertriebenen schaffen möchte, ist politisch umstritten. Warum eigentlich? Tut Wahrheit so weh?

Der lange Weg zum Frieden ist ein Lernprozeß. Wie weit sind wir da gekommen? Die Vertreibung der Deutschen aus Osteuropa endete um 1948. Wirklich ein Ende? Die Welt ist nach 1945 nicht friedlicher geworden. Es

[38] de Zayas, Alfred: Die Nemesis von Potsdam, München 2005 (überarbeitete und erweiterte Neuauflage), S. 22.

ging – ganz ohne deutsche Beteiligung – weiter so in der Welt. Ungelöste Konflikte, Kriege und vielerlei Gewalttaten. 250.000 bodenständige Italiener wurden aus ihren alten Siedlungen um Triest vertrieben; mehr als 1 Million Palästinenser verloren ihre Heimat, auch über 5 Millionen Afrikaner (Tschad, Äthiopien, Somalia, Sudan etc.), Millionen von Afghanen, Abertausende von Vietnamesen, Bosniern und Kosovo-Albanern und, und, und … Kein Ende ist abzusehen. Und dazu kein Tag ohne Krieg in der Welt – trotz aller besseren Erkenntnis, trotz Vereinter Nationen, trotz Human Rights Watch und unzähligen Nichtregierungsorganisationen („NGOs"), die sich um die Befindlichkeiten der Völker dieser Welt sorgen. Doch die Welt – so der Eindruck – hat nichts gelernt aus den Katastrophen des 20. Jahrhunderts.

Keine Polemik, keine Aufrechnung. Aber das Thema Flucht und Vertreibung der Deutschen zwischen 1945 und 1948 muß von der Welt zur Kenntnis genommen werden. Als Beispiel, als Abschreckung, als Lehre in den Geschichtsbüchern. Der absurden Täter- und Opferschablone, von Vertretern des deutschen Zeitgeistes unermüdlich propagiert, gilt der konsequente Widerspruch. Flucht und Vertreibung ist kein spezifisch deutsches Problem. Es geht um den langen Weg zum Frieden. Manchmal allerdings scheint es, als wolle er kein Ende nehmen.

Literaturverzeichnis

Benz, Wolfgang: Die Vertreibung der Deutschen aus dem Osten. Ursachen, Ereignisse, Folgen. Frankfurt/Main 1995

Bingen, Dieter/Loew, P. O.: Polen. Kurze Geschichte einer langen Geschichte. Darmstadt 2004

Bischof, Günter/Overmans, R. (Hg.): Kriegsgefangenschaft im Zweiten Weltkrieg. Eine vergleichende Perspektive. Ternitz-Pottschach 1999

Deist, Wilhelm: Ursachen und Voraussetzungen des II. Weltkrieges. Frankfurt/Main 1991

Deutsche Gesellschaft für die Vereinten Nationen (Hg.): Charta der Vereinten Nationen. Amtliche deutsche Übersetzung. Koblenz 1974

Diwald, Hellmut: Geschichte der Deutschen. Frankfurt – Berlin 1987

Friedrich, Jörg: Das Gesetz des Krieges: das deutsche Heer in Rußland 1941–1945. Der Prozeß gegen Oberkommando der Wehrmacht. München 1952

Grenfell, Russell: Bedingungsloser Haß? Die deutsche Kriegsschuld und Europas Zukunft. Preußisch-Oldendorf 1972

Guderian, Heinz: Erinnerungen eines Soldaten. Stuttgart 1979[11]

Hart, Liddell/Basil, Henry: Geschichte des Zweiten Weltkrieges. Wiesbaden 1985

Hoffmann, Joachim: Stalins Vernichtungskrieg 1941–1945. Planung, Ausführung und Dokumentation. München 1999

Kopelew, Lew: Aufbewahren für alle Zeit. Hamburg 1976

Kosiek, Rolf/Rose, Olaf (Hg.): Der Große Wendig. Richtigstellungen zur Zeitgeschichte. Bd. 1, Tübingen 2006

Kossert, Andreas: Ostpreußen. Geschichte und Mythos. München 2005

Kulturstiftung der deutschen Vertriebenen (Hg.): Vertreibung und Vertreibungsverbrechen 1945–1948. Bericht des Bundesarchivs vom 28. Mai 1974, Archivalien und ausgewählte Erlebnisberichte. Bonn 1989

Lindenblatt, Helmut: Pommern 1945. Eines der letzten Kapitel in der Geschichte vom Untergang des Dritten Reiches. Leer 1984

Lüdde-Neurath, Walter: Regierung Dönitz. Die letzten Tage des Dritten Reiches. Schnellbach 1999

Mann, Golo: Deutsche Geschichte des 19. und 20. Jahrhunderts. Frankfurt/Main 1958

Mehner, Kurt (Hg.): Die geheimen Tagesberichte der Deutschen Wehrmachtführung im Zweiten Weltkrieg. Bd. 12: 1. Januar 1945 – 9. Mai 1945. Osnabrück 1984

Michaelis, Herbert u. a.: Der Zweite Weltkrieg. Bilder, Daten, Dokumente. Gütersloh 1968

Müller, Rolf-Dieter/Volkmann, H.-E.: Die Wehrmacht. Mythos und Realität. München 1999

Nawratil, Heinz: Vertreibungs-Verbrechen an Deutschen. Tatbestand, Motive, Bewältigung. Frankfurt/Berlin 1987

Nipperdey, Thomas: Deutsche Geschichte. Bd. 2: Machtstaat vor der Demokratie 1866–1918. München 1995[3]

Noelle-Neumann, Elisabeth/Köcher, Renate: Die verletzte Nation. Über den Versuch der Deutschen, ihren Charakter zu ändern. Stuttgart 1988[2]

„Das Oberkommando der Wehrmacht gibt bekannt ...“ Der deutsche Wehrmachtbericht. Vollständige Ausgabe der 1939–1945 durch Presse und Rundfunk veröffentlichten Texte. Bd. 3: 1944–1945. Osnabrück 1982

Reichsbürgerrat Berlin (Hg.): Der Friedensvertrag in 101 Forderungen. Was jedermann vom Friedensvertrag wissen muß. Berlin 1920 (?)

Rosenbaum, Eduard (Hg.): Der Vertrag von Versailles. Inhalt und Wirkung. Leipzig 1921

Rössler, Hellmuth: Deutsche Geschichte. Gütersloh 1961

Samper, Rudolf: Vergessene Wahrheiten. Ein Deutscher erinnert sich. Berg am Starnberger See: Verlagsgesellschaft Berg 1998

Schramm, Percy E. (Hg.): Kriegstagebuch des Oberkommandos der Wehrmacht (Wehrmachtführungsstab). Bd. 4: 1. Januar 1944 – 22. Mai 1945. Studienausgabe. Augsburg 2002

Schultze-Rhonhof, Gerd: 1939 – der Krieg, der viele Väter hatte. Der lange Anlauf zum Zweiten Weltkrieg. München 2003

Suworow, Viktor: Stalins verhinderter Erstschlag. Hitler erstickt die Weltrevolution. Selent 2000

Uhle-Wettler, Franz (Hg.): Das Versailler Diktat. Vorgeschichte, vollständiger Vertragstext, Gegenvorschläge der deutschen Regierung. Kiel 1999

Urban, Thomas: Der Verlust. Die Vertreibung der Deutschen und Polen im 20. Jahrhundert. München 2006

Walendy, Udo: Wahrheit für Deutschland. Die Schuldfrage des Zweiten Weltkriegs. Vlotho 1970

Winkler, Heinrich A. (Hg.): Weimar. Ein Lesebuch zur deutschen Geschichte 1918–1933. München 1997[2]

de Zayas, Alfred M.: Die Nemesis von Potsdam. Die Anglo-Amerikaner und die Vertreibung der Deutschen. München 2005 (überarbeitete und erweiterte Neuauflage)

Ziemer, Gerhard: Deutscher Exodus. Vertreibung und Eingliederung von 15 Millionen Ostdeutschen. Stuttgart-Degerloch 1973